Florian Horn
Standardsicherheitskonzepte für Flüchtlingsunterkünfte

AF287600

Standardsicherheitskonzepte für Flüchtlingsunterkünfte

Florian Horn

Bibliografische Information der Deutschen Nationalbibliothek:
Die Deutsche Nationalbibliothek verzeichnet diese
Publikation in der Deutschen Nationalbibliografie;
detaillierte bibliografische Daten sind im Internet
über http://dnb.dnb.de abrufbar.

weitere Mitwirkende:
Dieses Buch entstand unter Mithilfe von KI-Anwendungen

Verlag:
BoD · Books on Demand GmbH, In de Tarpen 42,
22848 Norderstedt, bod@bod.de
Druck:
Libri Plureos GmbH, Friedensallee 273, 22763 Hamburg

ISBN: 978-3-7693-0714-6

Inhaltsverzeichnis

ABBILDUNGSVERZEICHNIS

VORWORT

Als ich im Jahr 2023 angefragt wurde, ein Sicherheitskonzept für eine Flüchtlingsunterkunft in Süddeutschland zu entwickeln, war ich überzeugt, dass es dazu bereits eine breite Literatur, bewährte Herleitungen und fundierte Empfehlungen geben müsste. Schließlich lag die viel beschriebene und intensiv diskutierte sogenannte „Migrationskrise" zu diesem Zeitpunkt fast ein Jahrzehnt zurück. Ich nahm an, dass es etablierte Standards für den Schutz solcher Einrichtungen, für den Umgang mit möglichen Konflikten und für präventive Maßnahmen geben würde – doch zu meinem Erstaunen fand ich kaum verwertbare Informationen.

Es gab zwar allgemeine Leitfäden zum Thema Sicherheit, doch diese waren meist auf klassische Objektschutzmaßnahmen wie Zäune, Überwachungssysteme und Zugangskontrollen fokussiert. Die besonderen Herausforderungen einer Flüchtlingsunterkunft – in der Menschen mit völlig unterschiedlichen Hintergründen, Sprachen und Erfahrungen oft auf engem Raum zusammenleben – wurden darin kaum berücksichtigt. Ebenso wenig fand ich systematische Ansätze zur Frage, wie soziale Faktoren und Betreuungskonzepte in Sicherheitsüberlegungen einbezogen werden können. Also begann ich, mir die notwendigen Informationen selbst zusammenzutragen.

Ich stellte mir grundlegende Fragen: Welche Risiken entstehen, wenn viele Menschen aus verschiedenen Kulturkreisen unter einem Dach leben? Welche psychologischen und sozialen Faktoren spielen dabei eine Rolle? Geht es hier wirklich in erster Linie um bauliche Sicherheit – oder sind nicht vielmehr Aspekte wie ein angemessener Betreuungsschlüssel, gezielte Integrationsmaßnahmen und ein strukturierter Alltag entscheidend? Welche Konflikte können entstehen, und vor allem: Wie lassen sie sich wirksam lösen? Welche Rolle spielt das unmittelbare Umfeld der Einrichtung – und muss nicht auch die gesellschaftliche und politische Stimmung in die Analyse einbezogen werden?

Diese Überlegungen führten schließlich zur Entwicklung eines Sicherheitskonzepts für die spezifische Unterkunft. Dabei wurde schnell klar: Ein nachhaltiges Sicherheitskonzept kann nicht nur auf Technik, bauliche Maßnahmen oder Bewachung setzen, sondern muss weit darüber hinausgehen. Die wirksamste Sicherheit entsteht dort, wo Konflikte und Eskalationen von vornherein verhindert werden. Und das bedeutet, dass soziale Strukturen, klare Kommunikationswege und frühzeitige Prävention eine mindestens ebenso große Rolle spielen wie klassische Schutzmaßnahmen.

Die Erfahrungen, die ich bei der Erstellung dieses Sicherheitskonzepts gesammelt habe, und die Antworten auf viele dieser Fragen möchte ich nun mit Ihnen teilen. Ich erhebe dabei nicht den Anspruch, eine universelle oder gar perfekte Lösung zu präsentieren. Aber ich hoffe, Ihnen wertvolle Denkanstöße zu liefern, die Ihnen bei Ihren eigenen Herausforderungen weiterhelfen.

Sie werden feststellen, dass ich in diesem Buch bewusst viele Ansätze gewählt habe, die weit über die klassischen baulich-technischen und personellen Sicherheitsmaßnahmen hinausgehen. Denn dort, wo es gelingt, Probleme präventiv zu vermeiden, sind aufwendige Sicherheitsmaßnahmen oft gar nicht erst erforderlich. Diese Perspektive stößt nicht immer auf Zustimmung – vor allem, weil Einrichtungen dieser Art meist nicht zu den Bereichen gehören, für die Kommunen oder Betreiber großzügige Budgets bereitstellen können oder wollen. Sozialarbeiter, die durch gezielte Betreuung langfristig Probleme abfedern können, sind nun einmal teurer als ein Zaun um das Gelände. Gleichzeitig zeigt sich immer wieder, dass rein technische Maßnahmen ohne ein durchdachtes Konzept zur Konfliktprävention und Integration nur begrenzten Nutzen haben. Ein Sicherheitszaun mag Einbrüche verhindern, doch er kann keine internen Spannungen lösen oder das Vertrauen zwischen Bewohnern und der Umgebung stärken.

Deshalb finden Sie in den einzelnen Kapiteln nicht nur praxisnahe Lösungen, sondern auch Argumentationshilfen und Verweise auf relevante Rechtsvorschriften. Denn wer ein nachhaltiges Sicherheitskonzept entwickeln möchte, muss nicht nur wissen, welche Maßnahmen funktionieren – sondern auch, wie er sie gegenüber Entscheidungsträgern, Vorgesetzten oder politischen Gremien begründen kann.

Vielleicht erscheint Ihnen die Struktur dieses Buches unkonventionell im Vergleich zu anderen Fachbüchern, die Sie kennen. Ich spreche Sie bewusst direkt an und schreibe aus der Perspektive eines Dienstleisters, der Sicherheitskonzepte für seine Kunden entwickelt. Lassen Sie sich davon nicht abschrecken. Der fachliche Inhalt ist genauso relevant für Sicherheitsverantwortliche in Kommunen, Betreiber von

Flüchtlingseinrichtungen oder andere Entscheidungsträger im Sicherheitsbereich. Ersetzen Sie den Begriff „Kunde" einfach durch „Vorgesetzter", „Auftraggeber" oder „Stakeholder" – je nachdem, was für Ihre Situation am besten passt. Denn die Diskussionen, die Sie in Ihrem beruflichen Umfeld führen werden, ähneln sich – ebenso wie die Argumentationsgrundlagen, die Sie dafür benötigen.

Ich hoffe, dass dieses Buch Ihnen nicht nur praktisches Wissen vermittelt, sondern auch eine neue Perspektive auf das Thema Sicherheit in Flüchtlingseinrichtungen eröffnet. Sicherheit bedeutet weit mehr als Kameras, Zäune und Wachpersonal – sie beginnt mit einem Verständnis für die Menschen, ihre Bedürfnisse und die Dynamiken, die in solchen Einrichtungen wirken. Wenn es gelingt, Konfliktpotenziale frühzeitig zu erkennen und präventiv gegenzusteuern, können viele Probleme erst gar nicht entstehen. Das ist nicht nur kosteneffizienter, sondern schafft auch ein sichereres und humaneres Umfeld – sowohl für die Bewohner als auch für die Menschen, die dort arbeiten und für die Sicherheit verantwortlich sind.

Ihr

Florian Horn

1.0. EINLEITUNG

Als Dozent für (angehende) Sicherheitskräfte und Lehrbeauftragter für Studierende des Sicherheitsmanagements bin ich mit den unterschiedlichen Herangehensweisen an ein Sicherheitskonzept vertraut.

Wenn Sie Ihren Meister für Schutz und Sicherheit oder einen Studienabschluss im Sicherheitsmanagement haben, dann werden Sie vielleicht schon einmal an den Punkt gelangt sein, dass Sie festgestellt haben, dass die IHK andere Herangehensweisen in der Abschlussprüfung sehen will als Ihr Dozierender in der Semesterprüfung. Meiner persönlichen Meinung nach haben alle Methoden ihre Berechtigung, sodass Sie sowohl:

- den Prozessablauf zur Definition von Schutzmaßnahmen nach dem VdS,
- das Sektorenkonzept,
- Prozessschritte des Business Continuity Managements (BCM) oder
- jede andere Herangehensweise nutzen können.

Wichtig ist, dass Sie verstanden haben, dass es sich bei einem Sicherheitskonzept um eine strukturierte Problembearbeitung handelt, bei der man in der Regel mit einer Problembeschreibung beginnt und sich dann über weitere Fragen bis zur Lösung vorarbeitet.

Meine Konzepte haben in der Regel folgende Struktur:

1. Objektbeschreibung und Aufnahme der vom Kunden zur Verfügung gestellten Informationen, Vorgaben, spezifischen internen oder externen Vorschriften
2. Definition der Schutzziele
3. Einschätzung der Bedrohungslage mit einer Medienrecherche und politischer Bewertung der Standortsituation
4. Risiken, die in personelle, organisatorische und technische Aspekte unterteilt werden
5. Maßnahmen, die den identifizierten personellen, organisatorischen und technischen Aspekten zugeordnet werden
6. Abschließende Empfehlungen und weitere zu berücksichtigende Themen

In den folgenden Kapiteln werden die einzelnen Schritte anhand der hier zu betrachtenden Objekte vorgestellt und Hinweise gegeben, wie diese zu bearbeiten sind. Natürlich müssen die hier verallgemeinerten Punkte dann ganz spezifisch auf das zu betrachtende Objekt angewendet werden. Achten Sie dabei auch darauf, ob sich die Rechtslage geändert hat oder ob es spezielles Landesrecht gibt.

1.1 Was ist „Sicherheit"?

Deutschland hat ein „Sicherheitsproblem", denn unsere Sprache kennt für alle Aspekte des Schutzes nur ein Wort: Sicherheit. Sicherheit umfasst aber alle rechtlichen und nicht rechtlichen Formen: Arbeitssicherheit, Betriebssicherheit, Sicherheitsdienst, physische Sicherheit, IT-Sicherheit, Lebensmittelsicherheit etc.

Wenn in der Fachliteratur von „Sicherheit" die Rede ist, muss dieser Begriff zunächst weiter differenziert werden. Eine eigene Begriffsdefinition für „Unternehmenssicherheit" ist in der Wissenschaft nicht zu finden, so dass hier zunächst die beiden englischen Begriffe „Safety" und „Security" unabhängig von einer Branchenspezifizierung betrachtet werden müssen.

In der Corporate Security wird zwischen diesen beiden Fachbegriffen unterschieden, die jeweils auf unterschiedliche Schutzgüter abzielen. Security wird dabei als Begriff für die Abwehr von vorsätzlichen kriminellen Handlungen durch Menschen verstanden und umfasst sowohl materielle als auch immaterielle Güter.

Safety umfasst „alle Sicherheitsaufgaben, die direkt oder indirekt mit dem Betriebsprozess [...] verbunden sind[1]" und schützt das Rechtsgut Individuum - durch Schutzvorschriften - vor allem im Bereich des Arbeitsschutzes vor fahrlässigem menschlichen Verhalten und/oder technischem Versagen von Maschinen im Produktionsprozess.

Man könnte also auch einfach sagen: kriminelles Verhalten versus Unfallschutz, auch wenn das nicht immer so sauber zu trennen ist und in einem gegenseitigen Abhängigkeitsverhältnis steht.

---

[1] Sigesmund (in: Ohder (2012, B10, S. 1))

Während in anderen Arten von Wirtschaftsunternehmen dem jeweiligen Mitarbeiter im Rahmen seiner Arbeitsleistung Verantwortung übertragen wird (z.B. Einhaltung von Compliance-Richtlinien, Clean-Desk-Policies etc.), sind für die aktive Abwehr von Schäden am und im Unternehmen andere Funktionen zuständig: Sicherheitsbeauftragte und Sicherheitsdienste (Werkschutz).

Insbesondere in Bereichen, in denen die Kosten eine relevante betriebswirtschaftliche Größe darstellen, kann dies auch anders erfolgen: Die Aufgaben zum Schutz der definierten Assets werden an bereits vorhandene Mitarbeiter delegiert oder es wird versucht, die Sicherheitsaufgaben in der Breite der Belegschaft zu organisieren. Häufig bzw. bei erkannten Schwerpunkten werden dann Sicherheitsdienste beauftragt, die aber nur selten Einfluss auf die internen Prozesse nehmen.

Gleichzeitig stellt sich aber grundsätzlich die Frage, wer im privatrechtlichen Bereich die Verantwortung trägt. Für den Bereich „Sicherheit" ist dies eindeutig: Alle von der Berufsgenossenschaft geforderten und gesetzlich vorgeschriebenen Akteure, wie z.B. der Sicherheitsbeauftragte nach § 22 SGB VII, die Fachkraft für Arbeitssicherheit, der Betriebsrat, der Betriebsarzt, der Unternehmer, die Belegschaft etc.

Problematisch wird es allerdings beim Aspekt „Security", da es keine gesetzliche Verpflichtung des Betreibers gibt, einen Mindeststandard an „Sicherheit" zu erfüllen. Die Pflicht zur unternehmerischen Risikovorsorge würde ich - auch wenn es Überschneidungen gibt - eher dem Bereich „Safety" zuordnen.

Kann man sich dann ausschließlich auf die öffentliche „Sicherheit" verlassen? Eher nicht, denn wenn die Polizei gerufen wird, ist eine Straftat bereits geschehen oder im Gange. Dann ist das Kind sprichwörtlich in den Brunnen gefallen und man kann nur noch die Scherben zusammenkehren. Wenn das Ihr Verständnis von Sicherheit ist, dann können Sie das Buch an dieser Stelle schon zuschlagen. Wer aber mit präventiven Ansätzen und Konzepten Konflikte bereits im Vorfeld lösen oder deren Eintrittswahrscheinlichkeit reduzieren will, der sollte unbedingt weiterlesen.

Denn eine Unterkunft ist weniger ein um Hilfe rufendes Opfer, sondern ein eigenständiges soziales Konstrukt, das eine Sicherheitsstruktur für alle Nutzerinnen und Nutzer erfordert.

1.1 Nachhaltige Sicherheitskonzepte

Bevor ich aber in die Materie einsteige, möchte ich Ihnen meine Philosophie eines nachhaltigen Sicherheitskonzeptes mit auf den Weg geben. Vielleicht ist dies auch ein Ansatz für Ihre Kundengespräche und hilft bei der Argumentation, warum der Verantwortliche zunächst - aus seiner Sicht - mehr Geld ausgeben muss, als es auf den ersten Blick notwendig erscheint.

Nachhaltigkeit, ein Begriff, den wir eigentlich eher aus dem Bereich des Umweltschutzes kennen, hat sich mittlerweile auch in anderen Wirtschaftsbereichen etabliert, auch wenn wir diesen Begriff - zugegebenermaßen - im Sicherheitsmanagement eher selten finden. Hinterfragen wir aktuelle, auch politische Sicherheitsmaßnahmen, so stellen wir fest, dass diese überwiegend reaktiv betrachtet werden, sofern Sicherheitslücken oder Risiken im bestehenden Basisschutz aufgetreten sind. Anders formuliert: Wir reagieren als Sicherheitsverantwortliche in der Regel erst dann, wenn ein Problem entstanden ist.

Vielleicht haben Sie schon einmal vom Begriff der Aufmerksamkeitsökonomie gehört, der bereits Ende der 90er Jahre von dem Wiener Sozialwissenschaftler Georg Franck geprägt wurde. Damals waren seine Erkenntnisse noch stark davon geprägt, dass er die Aufmerksamkeit der Konsumenten als ökonomisches und knappes Gut beschrieb, um das die Informationsanbieter konkurrieren. Heute wird der Begriff eher so verstanden, dass wir es in den Medien mit Themen zu tun haben, die plötzlich massiv im Fokus stehen und relativ schnell wieder abkühlen. Schnell werden sie gegebenenfalls nahtlos von einem anderen Thema abgelöst und führen für den Außenstehenden zu teilweise widersprüchlichen Handlungen. Ende 2024 können einige Beispiele genannt werden:

- die Diskussion um Messerverbote im Sommer/Herbst,
- die Diskussion um den Schutz von Weihnachtsmärkten (eigentlich jedes Jahr, aber diesmal mit entsprechender Brisanz durch den Anschlag in Magdeburg),
- die Forderungen nach schnelleren Abschiebungen, wenn ein „Ausländer" eine Straftat begangen hat

und sicher noch viele andere Beispiele, die ich hier vergessen habe. Haben wir für eines dieser Probleme eine langfristige und damit nachhaltige Lösung gefunden?

Wir können auch kleinere Beispiele nehmen, bei denen mir vor allem die Sicherheitskräfte im öffentlichen Raum zustimmen werden: Der Umgang mit Menschen in prekären Lebenssituationen („Obdachlose", „Drogenabhängige" oder „Bettler"). Sie werden aus Einkaufszentren, Bahnhöfen und anderen öffentlichen Räumen verwiesen, erhalten ein Hausverbot und - welch Überraschung - tauchen kurze Zeit später wieder auf. Denn die Sicherheitsmaßnahme „Durchsetzung des Hausrechts" bekämpft nur das Symptom, nicht aber die Ursache. Die logische Konsequenz: Die Sicherheitsmaßnahmen werden erhöht, um die Sichtbarkeit der Symptome zu bekämpfen und das Problem bestenfalls auf weniger gut „geschützte" Personen abzuwälzen.

Nach dem Anschlag in Magdeburg stand ich mit meiner Behauptung, dass bessere Schutzmaßnahmen am Weihnachtsmarkt nur den Tatort, nicht aber den Täter beeinflusst hätten, auch bei befreundeten Fachkollegen allein auf weiter Flur. Hätte eine Zugangssicherung den Anschlag verhindert? Vielleicht nur insofern, als der Täter ein Messer, eine Schusswaffe oder im schlimmsten Fall Sprengstoff eingesetzt hätte, um sein Ziel zu erreichen. Vielleicht wäre er auch, wenn er keine anderen Tatmittel zur Verfügung gehabt hätte, nicht mit dem Auto auf den Weihnachtsmarkt gefahren, sondern in das nächste Einkaufszentrum, in die Schule während der Hofpause oder durch die Fußgängerzone während der Lieferzeiten. Wäre die Situation dadurch besser geworden?

Merkmale eines nachhaltigen Sicherheitsmanagements sind daher eine grundsätzliche Resilienz der Einrichtungen, ein präventiver statt repressiver Umgang mit Störfällen und eine vom Top-Management geprägte und in der Vorbildfunktion gelebte Sicherheitskultur.

Damit soll eine nachhaltige Sicherheitskultur in Einrichtungen implementiert werden, die von einem präventiven Ansatz geprägt ist. Dabei ist zu beachten, dass Bedrohungsrisiken und Schutzziele im Unternehmenskontext zunehmend vernetzt sind. Dies liegt vor allem daran, dass Unternehmensprozesse voneinander abhängig sind. Angriffe auf einen Prozessschritt können massive Auswirkungen auf das Endprodukt haben.

1.2 Nachhaltige Sicherheitskonzepte in Flüchtlingsheimen

Wie können wir diese Aspekte nun auf Flüchtlingseinrichtungen anwenden? Ohne den folgenden Kapiteln vorgreifen zu wollen, möchte ich kurz einige Ansätze zum besseren Verständnis skizzieren:

1. Wir werden es in diesen Einrichtungen mit unterschiedlichen Kulturen und Wertvorstellungen zu tun haben. Nachhaltigkeit bedeutet hier, dass ich diese zunächst akzeptiere, für mich und meine Mitarbeiterinnen und Mitarbeiter ein Problemverständnis schaffe und mich nicht auf den einfachen, populistischen Punkt zurückziehe: „Die sind jetzt hier in Deutschland, also müssen sie sich an unsere Kultur anpassen!"

2. Wir werden es in diesen Einrichtungen mit traumatisierten Menschen zu tun haben. Natürlich kann ich den Sicherheitsdienst mit entsprechenden „Hausrechten" ausstatten, mich darauf verlassen, dass die Polizei die Person für ein paar Stunden in Gewahrsam nimmt, wenn sie auffällig ist, und eine Hausordnung erlassen. Aber dann bekämpfe ich wieder nur die Symptome. Nachhaltiger wäre es, geschulte Sozialarbeiterinnen und Sozialarbeiter einzusetzen, die sowohl für die Mitarbeitenden und die Untergebrachten als auch für die Sicherheitskräfte Ansprechpartner sind, Situationen deeskalieren und langfristige Lösungen anbieten können.

3. Oft genug selbst erlebt, die Erwartung an die „deutsche Sprache" - Hausordnungen, die nur auf Deutsch vorliegen und dann der Ärger und die Konsequenzen, wenn sie nicht eingehalten werden können. Warum nicht Regeln, die es geben MUSS, auch in der entsprechenden Sprache aushändigen, damit die Erwartung, dass sie verstanden werden MUSS, auch erfüllt werden kann.

Und wer sich jetzt beschwert, dass wir uns zu sehr „den Flüchtlingen anpassen", der hat das Ziel eines nachhaltigen Sicherheitsmanagements nicht verstanden. Es geht nicht darum, sich „den Anderen" anzupassen. Es geht darum, Konfliktpotenziale zu erkennen und präventive Maßnahmen zu etablieren, die den Beteiligten in der Umsetzung Arbeit, Stress und im schlimmsten Fall körperliche Übergriffe ersparen.

Wenn alle die Spielregeln kennen und sich der kulturellen Herausforderungen bewusst sind, wird der „Gewaltausbruch" mit hoher Wahrscheinlichkeit verhindert. Und seien wir ehrlich, der Aufwand - als Beispiel und nicht so zu verstehen, dass es hier IMMER Probleme gibt - Sunniten und Schiiten von vornherein räumlich zu trennen, ist doch deutlich geringer, als bei „tiefsitzenden Ressentiments" zwischen den Religionsgruppen „ständig" zu intervenieren?

Meine Philosophie und die Grundlage dieses Leitfadens ist es, Probleme präventiv zu erkennen und Maßnahmen im Vorfeld zu etablieren. Und wenn es nur das Argument ist, Polizeieinsätze zu reduzieren und negative Presse zu vermeiden. Was Ihre Motivation ist oder welches Argument bei Ihren Kunden am besten zieht, ist mir eigentlich egal, auch wenn ich eigentlich ein anderes Verständnis erreichen will, wenn es zum gleichen präventiven Ansatz führt.

1.3 Sicherheitskultur

Damit sind wir beim Thema Sicherheitskultur angelangt - das beste Sicherheitskonzept nützt nichts, wenn es keine Sicherheitskultur bei den Beteiligten gibt.

Der Begriff „Sicherheitskultur" wird in der Wissenschaft kontrovers diskutiert. Einerseits wird bezweifelt, ob es sich nicht nur um ein weiteres Modewort handelt, mit dem dieser Bereich des gesellschaftlichen Lebens „kultiviert" werden soll. Zum anderen wird der Nutzen für die Entwicklung resilienter Unternehmensstrukturen aufgrund einer fehlenden Legaldefinition in Frage gestellt. Die Diskussion darüber, wie Kultur definiert werden kann, zeigt, dass die Herausforderungen bei der Implementierung einer Sicherheitskultur in Unternehmen komplexer werden. Lange (et al.) verstehen Kultur als den Umgang mit einem mehr oder weniger klar umrissenen Themenbereich. Andere Autoren betonen eine umfassendere Perspektive: „Jede Interaktion innerhalb einer Organisation findet vor dem Hintergrund eines kulturellen Rahmens statt. So beeinflusst die Organisationskultur alle Aktivitäten innerhalb der Organisation und ihrer Mitglieder und hat erheblichen Einfluss auf Aspekte der Führung, der Steuerung, der Entscheidungsfindung oder des Aufbaus und der Pflege von Beziehungen zu internen und externen Stakeholdern. [2]"

Veraltete Ansätze der Sicherheitskultur bauen häufig ein Feindbild auf, um den internen Zusammenhalt zu forcieren - moderne Ansätze versuchen einen inklusiven Ansatz zu erreichen, der die Bedürfnisse und Interessen aller Stakeholder

---

[2] Vogt (et. al) (2022), S. 272 f.

einbezieht. Dazu gehören vor allem auch die Transparenz der Maßnahmen und ein gemeinsames Verständnis einer Fehlerkultur.

Vor allem die Transparenz der Maßnahmen ist im Kontext des Aufeinandertreffens unterschiedlicher Kulturen in unserem Fall besonders wichtig. Denn sie verhindert, dass Maßnahmen als Konsequenz von Verstößen als willkürlich empfunden werden und dadurch Eskalationen gefördert werden. Übrigens auf beiden Seiten, sowohl bei den Bewohner:innen als auch bei den Sicherheitskräften.

1.4 Das Thema „subjektive Sicherheit"

Ich bin überzeugt, dass es kein anderes Thema gibt, bei dem die „subjektive Sicherheit" seit Jahrzehnten eine sachliche Diskussion verhindert. Auch wenn wir später noch auf die Relevanz der „Objektivierung von Risiken" eingehen werden (siehe dazu Kapitel „5.1.1 Objektivierung von Risiken" Seite 61), soll das Thema hier einmal eingeführt werden.

Subjektivität in der Risikobewertung beschreibt genau das, was sie letztlich ist: eine individuelle Wahrnehmung einzelner Personen. Diese entsteht in der Regel auf der Basis individueller Faktoren wie z.B:

- Persönliche Erfahrungen: Menschen, die bereits Opfer einer Straftat geworden sind, empfinden häufig eine größere Unsicherheit.
- Demografische Faktoren: Ältere Menschen, Frauen oder Menschen mit Migrationshintergrund fühlen sich oft unsicherer als junge Männer, auch wenn keine objektive Bedrohung vorliegt.
- Medienkonsum: Übermäßiger Konsum von Kriminalitäts- oder Gewaltberichten kann das Sicherheitsgefühl negativ beeinflussen, auch wenn die Kriminalitätsrate sinkt.

Diese Erfahrungen und die damit verbundene Anpassung des Lebensstils unterscheiden sich von der objektiven Sicherheitslage, die durch messbare Daten wie Kriminalstatistiken oder Polizeiberichte bestimmt wird. Ein starkes subjektives Unsicherheitsgefühl kann entstehen, auch wenn objektiv keine erhöhte Gefährdung besteht - und umgekehrt kann sich eine Person trotz hoher Gefährdung sicher fühlen.

Daraus ergibt sich für die Sicherheitsverantwortlichen das Problem, den richtigen Mittelweg zu finden. Weder können sich Maßnahmen ausschließlich auf die Erhöhung der subjektiven Sicherheit konzentrieren, noch können sie sich ausschließlich auf die objektive Sicherheit konzentrieren. Wie schwierig dieses Spannungsfeld zu bewerten ist, insbesondere wenn es einzelne, lautstarke Akteure in der Diskussion gibt, zeigt die Sicherheit auf Weihnachtsmärkten seit dem Anschlag in Berlin 2016:

Die Berliner Polizei hat nach dem Anschlag auf den Weihnachtsmarkt am Breitscheidplatz 2016 eine Studie in Auftrag gegeben, die sich mit den Abhängigkeiten von sichtbarer Sicherheit und subjektivem Sicherheitsempfinden beschäftigt[3]. Vorweg sei gesagt, dass die Ergebnisse stark vom kulturellen Hintergrund der Befragten abhängen. Ergebnisse für den deutschsprachigen Raum zur Sichtbarkeit von Sicherheitsmaßnahmen müssen nicht für den amerikanischen Raum gelten. Gerade für international agierende Unternehmen ist die lokale Eingrenzung umso wichtiger.

In der bereits erwähnten Studie wurden Besucher eines Weihnachtsmarktes zu den Sicherheitsmaßnahmen vor Ort befragt. Interessanter Aspekt: Das subjektive Sicherheitsgefühl war trotz der frischen Erinnerung an das schreckliche Ereignis unerwartet hoch (99%)[4]. Es ist also davon auszugehen, dass nicht jedes sicherheitsrelevante Ereignis eine Zäsur im Sicherheitsempfinden der Bürger hinterlässt. Ebenso konnte gezeigt werden, dass die sichtbare Präsenz von bewaffneten Polizeikräften, die auch medial und politisch gefordert wird, das Sicherheitsgefühl der deutschen Marktbesucher senkt. Offenbar besteht ein Zusammenhang zwischen einer starken Präsenz des Staates zum Schutz der Besucher und dem Gedanken: „Wenn die hier so auftreten, dann muss ich in Gefahr sein", was sich sicherlich auch auf die Privatwirtschaft übertragen lässt. Maßnahmen wie Patrouillentätigkeit, Sichtbarkeit der Beamten durch Signalifarben etc. werden von den Befragten eher als wichtig erachtet[5].

Was kann man aus dieser Studie lernen? Etwas salopp könnte man sagen: „Viel hilft nicht immer viel!" Auf der anderen Seite muss den Bürgern und damit auch unseren Mitarbeitern zugetraut werden, mit sicherheitsrelevanten Ereignissen umzugehen.

---

[3] Alle weiteren Ausführungen zu dieser Studie: Schripper-Kruse (et. al) (2022)
[4] Ebd., S. 26
[5] Ebd., S. 27

Pauschale Annahmen, dass schlimme Ereignisse sofort zu einem Unsicherheitsgefühl führen müssen, sind zu hinterfragen.

1.5 Folgenbetrachtung

Wir haben in der Vergangenheit genügend Beispiele erlebt, was ein schlechtes und nicht nachhaltiges Sicherheitskonzept anrichten kann. Hier nur einige Beispiele aus meinen Jahresübersichten 2018 bis 2021. Es sind nur wenige, aber die tragischsten Vorfälle in Flüchtlingsunterkünften.

1.5.1 Ein Einblick in das Jahr 2019

Das Jahr 2019 beginnt mit der Fortsetzung eines der größten Prozesse des Jahrhunderts gegen Sicherheitsbeamte - so zumindest der Tenor noch Anfang des Jahres zum Burbach-Prozess. Die Beweislage ist erdrückend. Da aber irgendwie jeder in der Anstalt von den Straftaten wusste, aber keiner etwas unternahm - so beklagte sich einer der Pfleger, dass "die Wachleute nicht mehr mit ihm Rücksprache hielten" und dass es "das Problemzimmer eigentlich gar nicht gab" -, war die Beweisführung sehr kompliziert. Einige Sicherheitsmitarbeiter haben sich im Kontext der Beweislage (z.B. WhatsApp-Chatverläufe) ihrer Verantwortung gestellt und einzelne Taten, wie z.B. das Fesseln eines Flüchtlings an einen Laternenpfahl, zugegeben.

Das führte zu ersten Verurteilungen: Zunächst verhängte das Gericht im Mai wegen Freiheitsberaubung, Nötigung und Körperverletzung gegen vier Wachleute Geldstrafen zwischen 300 und 6.800 Euro. Im August dann eine Bewährungsstrafe von 8 Monaten, eine Verständigung auf Grund seiner Aussagen für vier Fälle gemeinschaftlicher Freiheitsberaubung, davon einmal in Tateinheit mit gefährlicher Körperverletzung. Die verantwortliche stellvertretende Heimleitung wurde dagegen im Oktober freigesprochen. Alles in allem scheint der Jahrhundertprozess ähnlich verlaufen zu sein wie der Prozess um das tragische Ereignis der Loveparade in Duisburg: Groß angekündigt, wenige Verurteilungen und noch weniger Aufklärung, wie es eigentlich zu diesem Kontrollverlust des Menschen kommen konnte. Da half auch die Schlagzeile im Dezember nicht, dass ein Polizeibeamter eine unerlaubte Nebentätigkeit in der Unterkunft ausgeübt habe und deshalb ein Disziplinarverfahren gegen ihn eingeleitet worden sei. Er soll von den Misshandlungen gewusst haben und Teil der Chatgruppe gewesen sein. Am Ende bleibt nur die traurige Gewissheit, dass hier neben den privaten auch die staatlichen Kontrollmechanismen nicht greifen.

Ein Vorfall im August in Halberstadt hat uns auch gezeigt, wie mit Hinweisen auf Gewalt in Asylbewerberheimen umgegangen wird. Anfang des Monats tauchte auf YouTube ein Video auf, das mutmaßliche Übergriffe des Sicherheitspersonals zeigte. Auch wenn die gezeigten Bilder an sich schon tragisch genug waren - der betroffene Sicherheitsdienst reagierte natürlich standardmäßig (Suspendierung der Mitarbeiter, Versprechen einer lückenlosen Aufklärung, Verurteilung der Ereignisse etc.) - war die Geschichte der Veröffentlichung ein Symbol des Wegschauens: Der Vorfall hatte sich bereits im April 2019 ereignet, der Filmende hatte nach eigenen Angaben Medien darüber informiert, aber keine Resonanz gefunden - erst vier Monate später ging das Video viral, so dass sich auch der Innenminister von Sachsen-Anhalt gezwungen sah, darauf zu reagieren.

Ein weitaus „schlimmerer" Fall dann in Berlin, der ebenfalls nur auf Druck der Öffentlichkeit und des Flüchtlingsrates bekannt wurde: Eine junge Frau erscheint nachts mit ihrem Mann blutend und unter starken Schmerzen beim Sicherheitsdienst und bittet um ärztliche Hilfe. Der Mitarbeiter weigert sich offenbar, einen Krankenwagen zu alarmieren, mit der Begründung, dass die Feuerwehr sonntags nachts nicht komme. Stattdessen verweist er das Paar an das Sana-Klinikum und druckt eine Wegbeschreibung aus. Im Krankenhaus angekommen, konnte die werdende Mutter ihr Kind nur noch tot zur Welt bringen. Eine spätere Obduktion ergab, dass die Mutter an einer akuten Plazentainsuffizienz litt, die für Kind und Mutter lebensbedrohlich war. In diesem Fall kam jede Hilfe zu spät, und wieder wurden Mitarbeiter suspendiert, lückenlose Aufklärung versprochen, das Geschehene verurteilt etc. Aber an die Wurzeln des Problems wollte - wieder einmal - niemand gehen.

1.5.2 Ein Einblick in das Jahr 2020

Auch im Jahr 2020 lässt sich mit der fragwürdigen Vergabe von Sicherheitsdienstleistungen in Asylbewerberheimen offenbar noch gutes Geld verdienen. Ein leitender Angestellter des Landratsamtes Dachau (wie könnte es anders sein, zufällig zuständig für Asylbewerber und Asylbewerberunterkünfte) betreibt nebenberuflich einen Sicherheitsdienst. Mit seiner Firma bewachte er - welch Wunder und ohne zu fragen - die Dachauer Asylbewerberunterkünfte. Nun wollte er noch stärker in den regionalen Markt eindringen, Mitbewerber verdrängen und machte sich damit nicht nur Freunde. Ob die seit 2015 schwelende Diskussion, die auch im Innenministerium geführt wurde, damit neuen Schwung bekommt, ist fraglich.

Wer erinnert sich noch an den Burbach-Prozess? Hier waren Sicherheitskräfte, die zur Bewachung einer Asylbewerberunterkunft eingesetzt waren, in einem der größten Prozesse der privaten Sicherheitsbranche angeklagt. Es ging vor allem um Misshandlung von Asylbewerbern, Veröffentlichung von Bildern in Chatgruppen, Freiheitsberaubung und Körperverletzung.

Für kurze Aufregung sorgte Mitte Januar die Frage, ob es ein zweites Burbach gebe. Denn die Staatsanwaltschaft ermittelte gegen den Betreiber einer weiteren Flüchtlingsunterkunft in Münster - diesmal traf es die Johanniter Unfall Hilfe. Auch diese soll die menschenunwürdige Behandlung von Asylbewerbern durch den Sicherheitsdienstleister gebilligt haben. Ähnlich wie in Burbach wurde hier auf ein vorhandenes Störzimmer verwiesen - ein separater Raum, in dem Personen untergebracht wurden, die gegen die Hausordnung verstoßen hatten. Der Raum sei zwar nicht, wie in Burbach vermutet, verschlossen gewesen, jedoch habe ein Sicherheitsmitarbeiter als Wache vor der Tür gestanden. Angeblich, und auch das war im Zusammenhang mit den anderen Vorwürfen zumindest fraglich, sei keine körperliche Gewalt angewendet worden.

Gewalt im Ankerzentrum Bamberg war auch immer wieder Thema in den Jahresrückblicken! Welche Rolle Polizei und Staatsanwaltschaft dabei spielten und ob private Sicherheitskräfte zu hart vorgegangen sind, wollten nun ein Senegalese und sein Anwalt vor dem Bundesverfassungsgericht klären. Beide haben Beschwerde gegen die Einstellung eines Verfahrens gegen mehrere Sicherheitskräfte eingelegt und fordern die Wiederaufnahme der Ermittlungen gegen die Sicherheitskräfte durch die Staatsanwaltschaft Bamberg. Hintergrund ist ein angeblicher Übergriff mehrerer Sicherheitsbeamter im September 2017, bei dem der Senegalese nach eigenen Angaben schwer misshandelt worden sein soll. Die Polizei hatte ihn jedoch stattdessen in Gewahrsam genommen.

Noch während diese Meldung kursierte, wurden neue Vorwürfe gegen die in derselben Unterkunft eingesetzten Sicherheitskräfte laut. Ein Video sollte belegen, wie Flüchtlinge mehrfach körperlich angegriffen und durch exzessive Gewalt verletzt worden seien. Aber auch für private Sicherheitskräfte stellten

Asylbewerberunterkünfte ein Risiko bei der Ausübung ihres Dienstes dar. Dies musste ein Mitarbeiter erfahren, der einen Streit schlichten wollte und dabei durch Messerstiche schwer verletzt wurde.

Im nordrhein-westfälischen Haan durchsuchte die Polizei das Rathaus und verschiedene Privaträume. Mehrere Personen wurden im Mai der Korruption beschuldigt, darunter eine Kämmerin und ein Mitarbeiter der Stadt. Der Mitarbeiter soll von einem Dienstleister zu einer Urlaubsreise eingeladen worden sein, um bei der Vergabe der Bewachung von städtischen Asylbewerberunterkünften den Preis zu unterbieten.

2.0. OBJEKTBESCHREIBUNG

Die Objektbeschreibung eines Sicherheitskonzeptes für eine Flüchtlingsunterkunft ist ein zentraler Bestandteil, da sie die spezifischen Rahmenbedingungen, baulichen Gegebenheiten und organisatorischen Strukturen festhält. Eine genaue Beschreibung ist für die Entwicklung maßgeschneiderter Sicherheitsmaßnahmen unerlässlich.

Grundsätzlich sollte ein Sicherheitskonzept mit der Objektbeschreibung beginnen. Dies dient auch dazu, den eigenen Kenntnisstand mit dem des Auftraggebers abzugleichen. Vorab sollte geklärt werden, um welche Art von Unterkunft es sich handelt. Aus rechtlicher Sicht kann unterschieden werden zwischen einer

- Erstaufnahmeeinrichtung,
- Gemeinschaftsunterkunft,
- Anschlussunterkunft und
- anderen (regionalen) Unterkunftsformen (z.B. Asylunterkunft in Transitbereichen von Flughäfen)

geben – dazu aber später mehr. Die folgende Übersicht bietet eine Möglichkeit, die entsprechenden Daten an einem Bestandsobjekt zu erheben bzw. entsprechend der Planung zu erfassen.

1. Allgemeine Angaben zur Unterkunft

- Name und Standort der Unterkunft (Adresse, Betreiber, Trägerorganisation)
- Art der Unterkunft (z. B. Erstaufnahmeeinrichtung, Gemeinschaftsunterkunft, dezentrale Unterbringung)
- Kapazität und Belegung (Maximalzahl der Bewohner:innen, aktuelle Belegung, besondere Gruppen wie Familien, alleinreisende Frauen, Minderjährige)
- Betreiber und Zuständigkeiten (Wer ist für den Betrieb, das Sicherheitsmanagement und die Aufsicht verantwortlich?)
- Kontaktstellen und Notfallkontakte (Leitung, Sicherheitsdienst, Sozialarbeit, Polizei, Feuerwehr, medizinische Anlaufstellen)

2. Bauliche und infrastrukturelle Gegebenheiten

a) Gebäude- und Geländeübersicht

- Lageplan und Gebäudeanzahl (Innen- und Außenbereiche, Stockwerke, Nebengebäude)
- Zugangs- und Zufahrtswege (Haupteingang, Notausgänge, Zufahrtsmöglichkeiten für Rettungsdienste)
- Umzäunung und Abgrenzung (Offenes oder abgegrenztes Gelände, Zäune, Kontrollpunkte)

b) Sicherheitsrelevante Infrastruktur

- Zutrittskontrollen (Schließsysteme, elektronische Zugangskontrollen, Pförtnerdienst)
- Beleuchtung (Innen- und Außenbeleuchtung zur Vermeidung von Dunkelzonen)
- Flucht- und Rettungswege (Beschilderung, Erreichbarkeit, Notausgänge)
- Feuer- und Brandschutz (Brandmeldeanlagen, Feuerlöscher, Notstromversorgung)
- Gemeinschaftsbereiche und sensible Zonen (Küchen, Kantinen, Sanitärbereiche, Frauen- und Kinderschutzräume)

3. Bewohner:innenstruktur und besondere Schutzbedarfe

- Demografische Zusammensetzung (Anzahl und Herkunft der Bewohner:innen, Geschlechterverteilung, Familienstruktur)
- Besondere Schutzgruppen (Alleinreisende Frauen, unbegleitete minderjährige Flüchtlinge, LGBTQ+-Personen, ältere Menschen, Menschen mit Behinderungen)
- Sprachliche und kulturelle Aspekte (Herausforderungen bei der Verständigung, kulturelle Sensibilitäten, Übersetzungsangebote)

4. Bestehende Regularien und Hausordnung

- Hausordnung und Verhaltensregeln (Sprachen, Aushang, Unterzeichnung bei Einzug)

- Ruhezeiten und Besuchsregelungen (Zeiten, Kontrollen, Konsequenzen bei Verstößen)
- Verbote und Einschränkungen (Waffen, Alkohol, Drogen, Videoaufnahmen)
- Sanktionen und Maßnahmen bei Regelverstößen (Ermahnungen, Verweise, Polizeieinschaltung)

5. Sicherheitsrisiken und Gefährdungsanalyse

- Mögliche interne Bedrohungen (Konflikte zwischen Bewohner:innen, Gewalt, Diebstahl)
- Externe Bedrohungen (Übergriffe durch Dritte, Einbruch, politisch motivierte Angriffe)
- Gesundheitliche Risiken (Infektionsschutz, Hygieneprobleme)
- Katastrophenszenarien (Brände, Evakuierungen, Naturkatastrophen)

6. Sicherheitsmaßnahmen und Personalstruktur

a) Sicherheitsdienst und Kontrollmechanismen

- Anzahl und Qualifikation des Sicherheitspersonals
- Präsenzzeiten und Patrouillenrouten
- Sicherheitsüberwachung (z. B. Videoüberwachung, Notrufsysteme)

b) Schutzkonzepte für vulnerable Gruppen

- Besondere Sicherheitsbereiche (Frauen- und Kinderschutzräume)
- Meldesysteme für Übergriffe und Bedrohungen
- Zusammenarbeit mit Sozialarbeiter:innen und Psycholog:innen

c) Notfallmanagement und Evakuierungspläne

- Alarmierungswege und Verantwortlichkeiten
- Evakuierungsübungen und Schulungen
- Zusammenarbeit mit Polizei, Feuerwehr und Rettungsdiensten

7. Externe Zusammenarbeit und Vernetzung

- Kooperation mit Behörden und Sozialverbänden (Polizei, Sozialämter, Gesundheitsämter)

- NGOs und Hilfsorganisationen (Frauenhäuser, Opferschutzorganisationen, Dolmetscherdienste)
- Beteiligung der Bewohner:innen (Mitarbeit an Sicherheitskonzepten, Beschwerdemechanismen)

Des Weiteren wird die Lage der Unterkunft geografisch eingeordnet. Dies ist relevant, da es einen entscheidenden Einfluss darauf hat, ob die Unterkunft im Ortskern und damit im Stadtbild integriert und von der Bevölkerung bewusst wahrgenommen wird oder ob sie abseits des Geschehens existiert. Ebenso sollten Verkehrsanbindungen, Aufenthaltsmöglichkeiten, Grünflächen, öffentliches WLAN und städtische Einrichtungen in der näheren Umgebung beschrieben werden.

Hier ist es hilfreich, mit Screenshots und Satellitenbildern der entsprechenden Kartendienste (z.B. Google, Bing, etc.) zu arbeiten und angrenzende Gebäude und Einrichtungen zu nennen und zu beschreiben. Eine Bewertung der Auswirkungen soll an dieser Stelle noch nicht erfolgen, da zunächst die Situation beschrieben werden soll. Sie soll die Grundlage für eine spätere Risikodiskussion bilden und darf dem Ergebnis nicht vorgreifen.

Auch wenn Sie das Konzept für einen Auftraggeber schreiben, der sein Objekt kennen sollte, ist es sinnvoll, das Objekt zu beschreiben. Häufig werden während der Bauplanung noch Änderungen vorgenommen oder es werden von den Beteiligten bei der Begehung falsche Angaben gemacht, so dass die Ableitungen nicht korrekt sind. Daher sollten Sie immer Ihre Annahmen, Vorgaben oder Voraussetzungen beschreiben. Die bereits dargestellte Objektbeschreibung sollte mindestens auch enthalten:

- Größe des Objektes
- Anzahl der Etagen
- Anzahl der Räume
- Belegungspläne inkl. Anzahl der Bewohner:innen
- Beschreibung der Unterbringungsart (z.B. Familien oder Alleinreisende)
- Anzahl und Art der Sozialräume
- Zugänge zum Objekt

Sofern bereits weitergehende Planungen vorliegen (z.B. Pforte, Schlüsselverwaltung etc.), sind diese hier ebenfalls aufzuführen. Dazu gehören auch Reinigungsintervalle, die Bereitstellung von Hausmeisterdiensten und andere Serviceangebote. Je mehr beschrieben werden kann, desto besser. Die Aussagen sollten grundsätzlich mit Bildern, Bauplänen und anderen visuellen Darstellungen untermauert werden, um auch einem Dritten die Möglichkeit zu geben, diese nachzuvollziehen. Insbesondere bei Bauplänen ist es wichtig, dass der jeweilige Stand (Datum und Version) angegeben wird, damit auch hier die richtige zeitliche Zuordnung erfolgen kann.

2.1 Interne Regularien

Zur Objektbeschreibung kann auch die Erfassung der Hausordnung gehören. Sofern der Auftraggeber bereits eine Hausordnung erstellt hat oder es von der jeweiligen Landesregierung eine standardisierte Hausordnung für Flüchtlingsunterkünfte gibt, sollte diese hier erwähnt und in einer Anlage erfasst werden. Dabei ist zu berücksichtigen, ob die Hausordnung in mehreren Sprachen zur Verfügung gestellt wird, in welcher Form sie den Bewohner:innen zur Kenntnis gegeben wird (z.B. durch Aushang, persönliche Übergabe, digitale Verbreitung) und welche Ge- und Verbote sie konkret enthält.

Besonderes Augenmerk ist dabei auf die spezifischen Regelungen für Flüchtlingsunterkünfte zu legen, wie z.B.:

- **Sicherheits- und Brandschutzbestimmungen** (z. B. Verhalten im Notfall, Fluchtwege, Rauchverbote)
- **Ruhezeiten und Lärmschutz** zur Gewährleistung eines geordneten Zusammenlebens
- **Regelungen zu Besuchszeiten und Zutrittskontrollen**, insbesondere zur Sicherheit vulnerabler Gruppen
- **Hygienevorschriften** für Gemeinschaftsbereiche, Küchen und sanitäre Einrichtungen
- **Umgang mit Konflikten und Beschwerden**, einschließlich der Möglichkeiten zur Meldung von Vorfällen
- **Datenschutz- und Persönlichkeitsrechte** hinsichtlich Foto- und Videoaufnahmen innerhalb der Unterkunft

Darüber hinaus ist zu beschreiben, wie die Hausordnung überwacht und durchgesetzt wird, welche Konsequenzen bei Verstößen vorgesehen sind und inwieweit individuelle Anpassungen oder Ergänzungen durch die Unterkunftsleitung möglich sind.

2.2 Kurze Einführung in die Rechtsgrundlagen

Die rechtlichen Grundlagen für Sicherheitskonzepte in Flüchtlingsunterkünften unterscheiden sich je nach Bundesland und dessen spezifischen Gesetzen und Verordnungen. In Deutschland gibt es aufgrund des föderalen Systems eine Vielzahl von Gesetzen und Richtlinien, die für die Sicherheit in Flüchtlingsunterkünften relevant sind und die Erstellung eines Konzeptes nicht immer einfach machen. Nachfolgend sind einige der wichtigsten Rechtsgrundlagen aufgeführt:

1. Asylgesetz (AsylG):

- Regelt das Asylverfahren und die Unterbringung von Asylsuchenden.
- Enthält Bestimmungen zur Aufnahme, Verteilung und Unterbringung von Asylsuchenden in Gemeinschaftsunterkünften.

2. Aufenthaltsgesetz (AufenthG):

- Regelt die Einreise, den Aufenthalt und die Integration von Ausländern in Deutschland.
- Enthält Vorschriften zur Unterbringung von Ausländern, die sich im Asylverfahren befinden oder geduldet sind.

3. Grundgesetz (GG):

- Artikel 1: Schutz der Menschenwürde.
- Artikel 2: Recht auf Leben und körperliche Unversehrtheit.
- Artikel 3: Gleichheit vor dem Gesetz und Verbot der Diskriminierung.
- Diese Grundrechte bilden die Basis für die Sicherstellung menschenwürdiger Lebensbedingungen in Flüchtlingsunterkünften.

4. Sozialgesetzbuch (SGB) Zweites Buch (SGB II) und Zwölftes Buch (SGB XII):

- Regelt die Gewährung von Sozialleistungen an Asylsuchende und Geduldete.

- Beinhaltet Bestimmungen zur materiellen Unterstützung und zur Sicherstellung der Grundversorgung.

5. Asylbewerberleistungsgesetz (AsylbLG):

- Regelt die Leistungen für Asylsuchende, einschließlich der Gesundheitsversorgung und der Unterbringung.

6. Landesgesetze und -verordnungen:

- Jedes Bundesland hat spezifische Vorschriften zur Unterbringung von Flüchtlingen, die detaillierte Anforderungen an die Sicherheitsmaßnahmen in den Unterkünften enthalten können.
- Beispiele sind die Landesaufnahmegesetze und entsprechende Verordnungen, die Details zur Organisation und Ausstattung von Unterkünften festlegen.

7. Baurecht und Brandschutzvorschriften:

- Landesbauordnungen und spezifische Brandschutzverordnungen legen Anforderungen an die bauliche Gestaltung, den Brandschutz und die Sicherheitsausstattung von Gebäuden fest, die als Flüchtlingsunterkünfte genutzt werden.

8. Arbeitsschutzgesetz (ArbSchG) und Unfallverhütungsvorschriften:

- Regelt den Schutz der Beschäftigten, einschließlich des Sicherheitspersonals in den Unterkünften.
- Vorschriften zur Unfallverhütung und zum Gesundheitsschutz, die auch für Flüchtlingsunterkünfte relevant sein können.

9. Verordnungen zur Gesundheitsvorsorge und Hygiene:

- Enthalten spezifische Anforderungen an die sanitären Anlagen, die Wasserversorgung und die allgemeine Hygiene in Gemeinschaftsunterkünften.

10. Europäische Menschenrechtskonvention (EMRK):

- Schutz der Menschenrechte und Grundfreiheiten, einschließlich des Rechts auf Leben und Sicherheit.

Diese Rechtsgrundlagen bieten den Rahmen für die Entwicklung und Implementierung von Sicherheitskonzepten in Flüchtlingsunterkünften. Es ist wichtig, dass alle Maßnahmen in Einklang mit diesen Vorschriften stehen, um die Rechte und das Wohlbefinden der Bewohner:innen zu gewährleisten.

2.3 Vorgaben zu Mindeststandards zum Schutz von geflüchteten Menschen

Sowohl im EU-Recht als auch auf Bundes- und Landesebene gibt es weitere Gesetze, Verordnungen oder Richtlinien, die bei der Erstellung von Sicherheitskonzepten herangezogen werden können. Diese Vorgaben sollen hier aufgeführt und als Referenz für die weitere Bearbeitung herangezogen werden. Die abgeleiteten Risiken ergeben sich auch aus einem Abgleich der Vorgaben mit der IST-Situation. Dies stellt in der Regel keine rechtliche Bewertung dar und erhebt keinen Anspruch auf Vollständigkeit. Dennoch erscheint es notwendig, Herausforderungen und Probleme anhand der bestehenden Vorgaben zu analysieren:

Das Bundesministerium für Familie, Senioren, Frauen und Jugend (BMFSFJ) erstellte zusammen mit UNICEF und weiteren gemeinnützigen Partnern ein Papier mit „Mindeststandards zum Schutz von geflüchteten Menschen in Flüchtlingsunterkünften[6]". Die Mindeststandards sind als Leitfaden für Betreiber von Flüchtlingsunterkünften, staatliche Stellen und andere relevante Akteure gedacht. Sie sollen dazu beitragen, ein sicheres und unterstützendes Umfeld für geflüchtete Menschen zu schaffen und ihre Rechte zu schützen.

Sie sollen den Schutz und das Wohlergehen von Flüchtlingen, insbesondere von Kindern und besonders schutzbedürftigen Personen, in Flüchtlingsunterkünften gewährleisten. Im Folgenden werden die wichtigsten Punkte der Mindeststandards zusammengefasst:

---

[6] Abrufbar über: https://www.bmfsfj.de/re-source/blob/117472/bc24218511eaa3327fda2f2e8890bb79/mindeststandards-zum-schutz-von-gefluechteten-menschen-in-fluechtlingsunterkuenften-data.pdf, Stand: 03.12.2023

1. Schutzkonzepte und Strukturen:

- Entwicklung und Implementierung von umfassenden Schutzkonzepten in allen Unterkünften.
- Regelmäßige Schulungen des Personals in Schutzfragen und Kinderrechten.

2. Partizipation und Information:

- Sicherstellung der Information und Partizipation der Bewohner:innen, insbesondere von Kindern und Jugendlichen, in Belange, die sie betreffen.
- Bereitstellung von Informationen in verständlicher Sprache und in verschiedenen Formaten.

3. Gewaltprävention und -intervention:

- Etablierung von klaren Verfahren zur Prävention und Intervention bei Gewaltvorfällen.
- Zugang zu unabhängigen Beschwerdemöglichkeiten und rechtlicher Beratung für die Bewohner:innen.

4. Kinder- und Jugendschutz:

- Spezielle Schutzmaßnahmen für Kinder und Jugendliche, einschließlich der Einrichtung von kinderfreundlichen Räumen.
- Sicherstellung des Zugangs zu Bildungs- und Freizeitangeboten.

5. Gesundheit und psychosoziale Unterstützung:

- Zugang zu gesundheitlicher Versorgung und psychosozialer Unterstützung für alle Bewohner:innen.
- Berücksichtigung der besonderen Bedürfnisse von traumatisierten Personen.

6. Gender- und Diversity-Sensibilität:

- Berücksichtigung von Geschlechter- und Diversitätsaspekten in allen Schutzmaßnahmen.
- Maßnahmen zur Verhinderung von Diskriminierung und zur Förderung der Gleichstellung.

7. Zusammenarbeit und Vernetzung:

- Förderung der Zusammenarbeit zwischen verschiedenen Akteuren, einschließlich staatlicher Stellen, Nichtregierungsorganisationen und der Zivilgesellschaft.
- Aufbau von Netzwerken und Austausch bewährter Praktiken zur Verbesserung des Schutzes in Unterkünften.

Darin wird darüber hinaus explizit ein „unterkunftsspezifisches Schutzkonzept" gefordert, das mindestens folgende Aspekte berücksichtigen soll[7]:

- Gewaltvermeidung/-prävention und Stärkung der Schutzfaktoren
- Direkte Intervention
- Monitoring und Evaluation

Auch regionale Schutzvorschriften, Verordnungen und Gesetze sollten evaluiert werden. Häufig werden über die genannten Mindeststandards hinaus weitere Anforderungen gestellt. Exemplarisch soll im Folgenden auf das Bundesland Baden-Württemberg eingegangen werden.

Hier gelten zum Zeitpunkt der Erstellung dieser Arbeit das „Gesetz über die Aufnahme von Flüchtlingen (Flüchtlingsaufnahmegesetz - FlüAG)" sowie die „Ver-ordnung des Integrationsministeriums zur Durchführung des Flüchtlingsaufnahmegesetzes (DVO FlüAG)". Hier werden weitere Mindeststandards definiert, die im weiteren Verlauf relevant werden können, ohne dass konkrete Vorgaben für die Anschlussunterbringung gemacht werden.[8]:

- § 8 FlüAG: Je vorgehaltenem Unterbringungsplatz ist eine durchschnittliche Wohn- und Schlafflache von mindestens sieben Quadratmetern zugrunde zu legen.
- § 5 DVO FlüAG:

---

[7] Ebd., S. 12 f.

[8] Wendel, Kay: Unterbringung von Flüchtlingen in Deutschland. Regelungen und Praxis der Bundesländer im Vergleich, Hg. Förderverein PRO ASYL e. V., Frankfurt am Main 2014. Abrufbar über: https://www.proasyl.de/wp-content/uploads/2015/04/Laendervergleich_Unterbringung_2014-09-23_01.pdf, S. 35

- (1) Um den Bewohnerinnen und Bewohnern von Gemeinschafts-unterkünften und Wohnungen eine Teilhabe am gesellschaftlichen Leben zu ermöglichen, sollen diese Einrichtungen der vorläufigen Unterbringung in einem im Zusammenhang bebauten Ortsteil oder im Anschluss daran eingerichtet werden. Eine ausreichende Nutzungsmöglichkeit regelmäßig verkehrender Beförderungsmittel muss gewährleistet sein.
- (2) Alleinstehende Personen sind nach Geschlechtern räumlich getrennt unterzubringen. Der Haushaltsgemeinschaft von Familienangehörigen und sonstigen humanitären Umständen von vergleichbarem Gewicht ist Rechnung zu tragen.
- (3) In den Gemeinschaftsunterkünften müssen Vorkehrungen getroffen sein, um im Gefahrenfall eine unverzügliche Alarmierung der zuständigen Stellen zu gewährleisten.
- (4) Stehen in der Gemeinschaftsunterkunft für die Verpflegung keine oder nur teilweise separate Kochgelegenheiten zur Verfügung, so sind Gemeinschaftsküchen einzurichten.
- (5) Verfügt die Gemeinschaftsunterkunft nicht oder nur teilweise über abgeschlossene Wohnbereiche, die mit eigenen Sanitäreinrichtungen ausgestattet sind, sind gemeinschaftlich genutzte Wasch- und Duschräume sowie Gemeinschaftstoiletten nach Geschlechtern getrennt einzurichten.
- (6) In Gemeinschaftsunterkünften soll unter Berücksichtigung der räumlichen Gegebenheiten mindestens ein Gemeinschaftsraum eingerichtet werden.
- (7) Sofern in einer Gemeinschaftsunterkunft die Unterbringung von Kindern vorgesehen ist, soll mindestens ein abgetrennter Raum in ausreichender Größe und mit entsprechender Ausstattung eingerichtet werden, der zum Spielen und bei Bedarf für Schulkinder zur Erledigung von Hausaufgaben zur Verfügung steht. Wird hierfür ein Gemeinschaftsraum genutzt, ist zu gewährleisten, dass dieser in ausreichendem zeitlichen Umfang ausschließlich für die vorbezeichneten Zwecke zur Verfügung steht.

- (8) Gemeinschaftsunterkünfte sollen unter Berücksichtigung der örtlichen Gegebenheiten mit Außenanlagen zur Freizeitgestaltung ausgestattet werden.
- (9) In besonderen Zugangssituationen kann die oberste Aufnahmebehörde befristet Abweichungen zulassen, soweit dies erforderlich ist, und die Bedingungen hierfür festlegen.
- (10) Die Vorschriften des Baurechts sowie des Brand- und des Gesundheitsschutzes bleiben unberührt.
- § 6 DVO FlüAG:
  - Nimmt die untere Aufnahmebehörde die Aufgabe der Flüchtlingssozialarbeit selbst wahr, stellt sie sicher, dass dies unabhängig von der sonstigen behördlichen Aufgabenerfüllung erfolgt. Der für die Flüchtlingssozialarbeit veranschlagte Anteil der Pauschale ist vollumfänglich dafür einzusetzen.

3.0 DEFINITION DER SCHUTZZIELE

Schutzziele finden sich in allen Themenfeldern, die sich mit Aspekten der „Sicherheit" beschäftigen, so z.B. auch in der Informationssicherheit, im Brandschutz oder in klassischen Objektschutzkonzepten. Schutzziele beschreiben die Anforderungen an Systeme, Prozesse und andere Maßnahmen, um ein bestimmtes Ziel zu erreichen. Diese Schutzziele können priorisiert werden, z.B. wenn sich bestimmte Ereignisse in der Vergangenheit regelmäßig wiederholt und dadurch hohe Schäden verursacht haben oder wenn durch medialen, gesellschaftlichen oder politischen Druck bestimmte Schutzziele in den Vordergrund gerückt werden.

Bei Flüchtlingsunterkünften sollte der Bedeutung der Schutzzieldefinition noch mehr Raum gegeben werden. Denn Schutzziele sind hier spezifische Ziele, die im Rahmen eines Schutzkonzeptes formuliert werden, um die Sicherheit und das Wohlbefinden von Individuen oder Gruppen zu gewährleisten. In Bezug auf Flüchtlingsunterkünfte umfassen Schutzziele Maßnahmen zur Gewaltprävention, zur Förderung von Gesundheit und Hygiene, zur Gewährleistung der Menschenwürde und der Rechte der Bewohner:innen sowie zur psychosozialen Unterstützung und sozialen Integration.

Schutzziele dienen als Leitlinie für die Planung, Umsetzung und Evaluierung von Schutzmaßnahmen und -programmen. Sie helfen, die Schutzbedürfnisse der Bewohner:innen systematisch zu identifizieren und geeignete Maßnahmen zu entwickeln, um diese Bedürfnisse zu erfüllen.[9]

Aus diesem Grund ist es auch wichtig, dass diese Schutzziele zusammen mit dem Auftraggeber definiert werden. In der beratenden, objektiven Funktion des Beraters kann es sein, dass man als Auftragnehmer einen generischen, Allgefahrenansatz verfolgt, der aber in diesem Moment nicht einen Usecase des Auftraggebers darstellt. Als Empfehlung sollte an dieser Stelle jedoch erwähnt werden, dass andere Schutzziele, als die des Auftraggebers, erwähnt bzw. ausgeschlossen werden sollten,

---

[9] In Anlehnung an: https://www.bmfsfj.de/resource/blob/117472/bc24218511eaa3327fda2f2e8890bb79/mindeststandards-zum-schutz-von-gefluechteten-menschen-in-fluechtlingsunterkuenften-data.pdf, Stand: 03.12.2023

sofern sie dennoch relevant erscheinen. Damit sichert sich der Ersteller des Konzeptes hinsichtlich zukünftiger Diskussionen ab und schafft damit erneut die Basis für die weiteren Ausführungen.

Auf Basis der Ortsbegehung sollte dieses Sicherheitskonzept über mehrere primäre Schutzziele verfolgen. Entgegen einer "klassischen Betrachtung" von Begehungsweisen, können zunächst die Angriffsvektoren definiert werden, sofern das Verhindern bzw. Vermindern von Spannungsfeldern im Vordergrund steht. Folgende Spannungen können dabei grundsätzlich identifiziert werden:

- Spannungen in der Flüchtlingsunterkunft zwischen den Bewohner:innen, die sich auf unbeteiligte Dritte auswirken können,
- direkte Spannungen gegen Vertreter des Auftraggebers,
- Spannungen gegen Bewohner:innen und Anrainer und abschließend
- Spannungen durch Anrainer und Einwohner, die sich gegen die Anwesenheit der Geflüchteten richtet.

Basierend auf diesen vier Vektoren ergeben sich auch unterschiedliche Schutzziele, die je nach Bedarf erweitert und priorisiert werden können:

- Leben und Gesundheit von Angestellten, Bewohner:innen und Dritten
- Verhinderung von Sachbeschädigungen in Form von Vandalismus
- Verhinderung von Sachbeschädigungen in Form von Verwahrlosung des Objektes
- Reputation und Verhinderung von Negativpresse
- Unsicherheiten in der Bevölkerung
- Unzufriedenheit, Demonstrationen und Stärkung von demokratiefeindlichen Parteien und Organisationen
- Überlastung von Sicherheits- und Ordnungsbehörden

Sowohl der Ersteller des Sicherheitskonzeptes als auch der Auftraggeber müssen sich darüber im Klaren sein, dass das Zusammenleben einer Unterkunft mit der Bevölkerung nur im Miteinander und im Verständnis für die gegenseitigen Bedürfnisse funktionieren kann.

Dieses Sicherheitskonzept kann im Gegensatz zu anderen Konzepten nicht als Blaupause für die technische Umsetzung von Maßnahmen und damit für eine kalkulierbare Risikominderung dienen. Der Erfolg wird wesentlich davon abhängen, inwieweit aus der Holschuld der einen Seite auch eine erfüllte Bringschuld der anderen Beteiligten wird. Der Erfolg wird wesentlich davon abhängen, inwieweit personelle und organisatorische Ressourcen zur Verfügung gestellt werden, die allen Beteiligten eine Perspektive bieten.

4.0 EINSCHÄTZUNG DER BEDROHUNGSLAGE

Das Kapitel zur Analyse der Bedrohungslage sollte sowohl die Bedrohungen für die zu betrachtende Unterkunft, aber natürlich auch die Bedrohungen, die von der Unterkunft ausgehen können, beinhalten. Aufgrund der emotionalen und wahrscheinlich ohnehin hitzigen Diskussionen ist es hier besonders wichtig, auf Daten und Fakten zu verweisen. Persönliche Meinungen und Einschätzungen, auf welcher (politischen) Grundlage auch immer, müssen hier ausgeblendet werden.

Die Analyse der Bedrohungslage in Flüchtlingsunterkünften ist ein zentraler Bestandteil eines Sicherheitskonzeptes. Sie umfasst sowohl externe als auch interne Gefahrenquellen, die eine Bedrohung für die Unterkunft, ihre Bewohner:innen sowie das Personal darstellen können. Ebenso müssen mögliche Risiken, die von der Unterkunft selbst für die Umgebung ausgehen können, berücksichtigt werden.

Ein wissenschaftlich fundierter Ansatz ist hier unerlässlich, um emotionale, politisch motivierte oder voreingenommene Bewertungen zu vermeiden. Die Analyse sollte auf soliden Daten und objektiven Fakten beruhen, um eine sachliche Grundlage für präventive Sicherheitsmaßnahmen zu schaffen.

1. Methodik der Bedrohungsanalyse

Zur strukturierten Erfassung und Bewertung der Bedrohungslage wird ein mehrstufiges Verfahren empfohlen. Dabei werden zunächst allgemeine Rahmenbedingungen analysiert, bevor spezifische Bedrohungsszenarien für die betreffende Unterkunft abgeleitet werden.

a) Externe Bedrohungen für die Unterkunft

Hierunter fallen Risiken, die von außerhalb auf die Unterkunft einwirken können, darunter:

- Gesellschaftliche Spannungen und Akzeptanz
  - Analyse von Wahlergebnissen auf lokaler und regionaler Ebene zur Identifikation politischer Strömungen mit migrationskritischer Haltung

- o Untersuchung von Protestaktionen oder Demonstrationen in der Umgebung der Unterkunft
  - o Beobachtung sozialer Medien und lokaler Diskussionsforen zur Identifikation potenzieller Konfliktherde
- Kriminalitätslage im Umfeld der Unterkunft
  - o Erhebung von Kriminalitätsstatistiken in der Region (z. B. Einbruch, Vandalismus, Übergriffe)
  - o Direkte Abfragen bei Sicherheitsbehörden (Polizei, Ordnungsämter) zu sicherheitsrelevanten Vorkommnissen im Umfeld
  - o Überprüfung möglicher extremistischer Aktivitäten in der Region, die sich gegen die Unterkunft richten könnten
- Mediale Berichterstattung und öffentliche Wahrnehmung
  - o Analyse der Medienberichterstattung über die Unterkunft hinsichtlich positiver und negativer Darstellungen
  - o Identifikation von Fake News oder Desinformation, die Feindseligkeit gegen die Unterkunft schüren könnten
  - o Reaktionen und Stimmungen in sozialen Netzwerken, um mögliche Radikalisierungsdynamiken frühzeitig zu erkennen

b) Interne Bedrohungen innerhalb der Unterkunft

Neben externen Gefahrenquellen müssen auch Risiken betrachtet werden, die innerhalb der Unterkunft entstehen können. Dazu zählen:

- Konflikte zwischen Bewohner:innen
  - o Spannungen zwischen verschiedenen ethnischen Gruppen oder Nationalitäten
  - o Konflikte aufgrund unterschiedlicher religiöser Überzeugungen oder Wertevorstellungen
  - o Gewaltdelikte, Diebstahl oder Übergriffe innerhalb der Unterkunft
- Bedrohung vulnerabler Gruppen
  - o Risiko für Frauen, Kinder oder LGBTQ+-Personen durch sexualisierte Gewalt oder Diskriminierung
  - o Bedarf an Schutzmaßnahmen für alleinreisende Frauen und unbegleitete Minderjährige

- Kriminalität innerhalb der Unterkunft
  - Vorfälle von Drogenhandel, Erpressung oder organisierter Kriminalität
  - Mögliche Radikalisierungstendenzen innerhalb der Unterkunft
- Gesundheits- und Hygienerisiken
  - Verbreitung von Infektionskrankheiten aufgrund beengter Wohnverhältnisse
  - Mangelnde Einhaltung von Hygieneregeln und damit verbundene gesundheitliche Risiken

2. Datenquellen und empirische Grundlage

Die Bedrohungsanalyse sollte sich auf eine Kombination aus qualitativen und quantitativen Daten stützen, um eine fundierte Einschätzung der Sicherheitslage zu ermöglichen. Auch wenn wir in den folgenden Kapiteln detaillierter auf entsprechende Vorgehensweisen eingehen, sind hier schon einmal geeignete Datenquellen:

- Medienanalysen zur Unterkunft
  - Untersuchung von Presseberichten, Online-Artikeln und TV-Dokumentationen
  - Vergleich der Berichterstattung mit tatsächlichen Vorfällen, um Verzerrungen zu vermeiden
- Bevölkerungsstimmung und Wahlanalysen
  - Auswertung von Wahlergebnissen, insbesondere im Hinblick auf migrationskritische Parteien
  - Untersuchung von Meinungsumfragen oder Bürgerdialogen zur Akzeptanz der Unterkunft
- Kriminalitätsstatistiken und Lagebilder der Polizei
  - Offizielle Berichte zu Straftaten im Umfeld der Unterkunft
  - Direkte Anfragen bei Sicherheitsbehörden zu relevanten Vorfällen
- Erfahrungswerte aus anderen Unterkünften
  - Austausch mit Betreiber:innen vergleichbarer Einrichtungen
  - Identifikation von Best Practices zur Sicherheitssteigerung

Die Analyse der Bedrohungslage in Flüchtlingsunterkünften muss auf objektiven und belastbaren Daten basieren, um realistische Sicherheitskonzepte zu entwickeln.

Sowohl externe Bedrohungen (gesellschaftliche Spannungen, Kriminalität, Extremismus) als auch interne Risiken (Konflikte zwischen Bewohner:innen, Gesundheitsgefahren) müssen systematisch erfasst und bewertet werden. Die strukturierte Einordnung der Erkenntnisse trägt dazu bei, präventive Maßnahmen abzuleiten und ein sicheres Umfeld für alle Beteiligten zu gewährleisten.

4.1 Medienanalyse

Eine Medienanalyse konstituiert sich als ein strukturierter Prozess, der die Untersuchung und Bewertung von Medieninhalten, -strukturen und -wirkungen zum Ziel hat. Die erste Handlung, die zu vollziehen ist, besteht in der Eingabe der betreffenden Suchbegriffe in eine Suchmaschine. Die Eingabe von Suchbegriffen wie "Zeitungsartikel", "Bürgerinitiativen", "Umfragen und Meinungen" oder "Social-Media-Beiträge" generiert in der Regel erste Hinweise zu Stimmungs- und Meinungsbildern. Neben aktuellen Berichterstattungen zu Ereignissen und Straftaten zu der zu bewertenden Unterkunft (Abbildung 1[10]) lassen sich auch Stimmungslagen und Meinungsbilder finden lassen (Abbildung 2[11]). Es ist jedoch zu berücksichtigen, dass auch länger zurückliegende Beiträge in die Bewertung einfließen sollten, da sich gesellschaftliche Meinungen zu den Unterkünften selten grundsätzlich verändern.

---

[10] Abgerufen am 27.06.2024
[11] Abgerufen am 27.06.2024

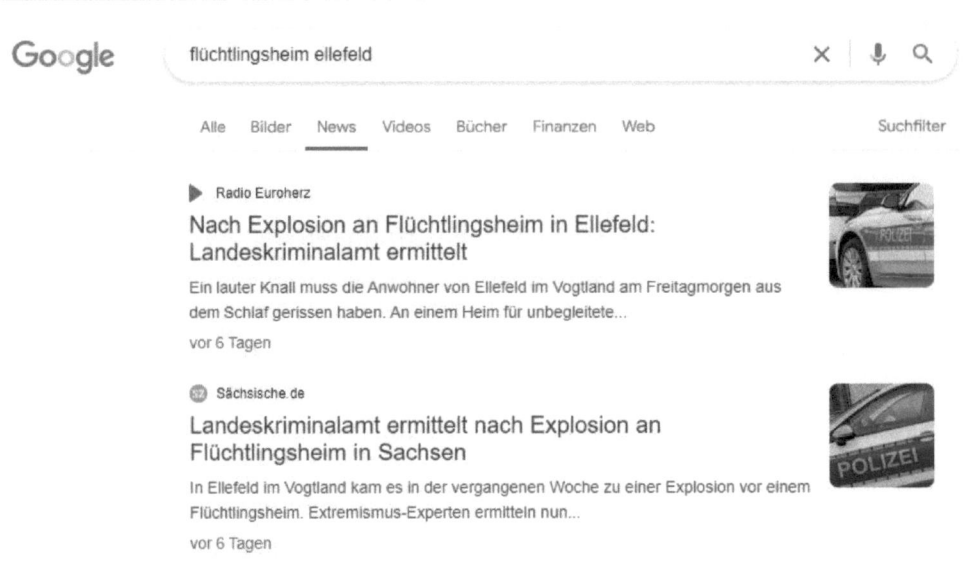

Abbildung 1 Aktuelle Ereignisse und Straftaten zu Flüchtlingsunterkünften (Quelle: Google)

FP Freie Presse

Protestkundgebung vor künftiger Flüchtlingsunterkunft

Zeitweise bis zu 200 Personen haben am Dienstagabend auf dem Markt in Ellefeld (Vogtlandkreis) gegen die Asylpolitik der Bundesregierung...

24.11.2015

Abbildung 2 Stimmungslage zur Flüchtlingsunterkunft (Quelle: Google)

Im Rahmen der Schutzzieldefinition nimmt das Thema Bürgerinitiative (Abbildung 3[12]) eine signifikante Rolle ein, da es eine spezifische Stimmung innerhalb der betroffenen Gesellschaft reflektiert. Es ist jedoch zu betonen, dass diese Stimmungslage nicht als repräsentativ für die gesamte Region oder Stadt angesehen werden sollte.

---

[12] Abgerufen am 27.06.2024

Nichtsdestotrotz kann auch eine kleine Personengruppe das Stimmungs- und Kriminalitätsbild einer Stadt maßgeblich prägen.

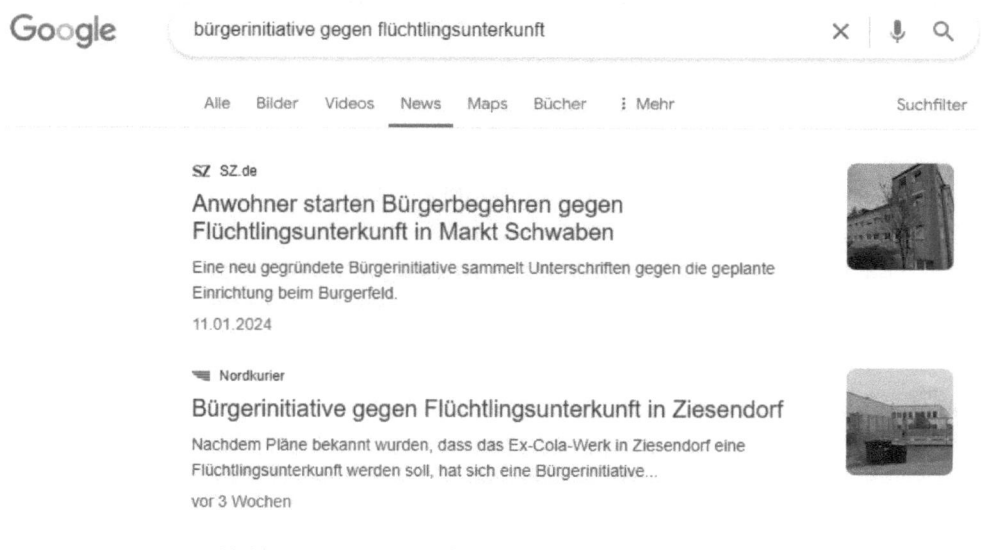

Abbildung 3 Hinweise auf Bürgerinitiativen (Quelle: Google)

Um eine qualitativ hochwertige Analyse durchführen zu können und die entsprechenden Ergebnisse auch nutzbar zu machen, müssen einige Aspekte berücksichtigt werden:

1. Zielsetzung und Kontext

- Fragestellung: Was soll mit der Analyse erreicht werden? Welche spezifischen Aspekte oder Inhalte sollen untersucht werden?
- Kontext: In welchem Zusammenhang wird die Analyse durchgeführt? (z. B. Erstellung eines Sicherheitskonzeptes, Wirksamkeitsprüfung, etc.)
- Relevanz: Warum ist das Medium oder der Inhalt wichtig für die Untersuchung?

2. Auswahl der Medien und Inhalte

- Medientyp: Wählen Sie die Art der Medien aus (z. B. Printmedien, digitale Medien, soziale Medien, TV, Radio).
- Reichweite und Zielgruppe: Welche Zielgruppen spricht das Medium an, und welche Bedeutung hat es in der Öffentlichkeit? Beachte Sie dabei alle relevanten Zielgruppen, die Sie vorher analysiert haben.
- Zeitliche Eingrenzung: Definieren Sie den Analysezeitraum (z. B. ein spezifischer Tag, eine Woche, ein Jahr), sofern dieser relevant ist.
- Repräsentativität: Sind die ausgewählten Inhalte repräsentativ für das Medium, die Initiative, die Partei und die Fragestellung? (Beachten Sie dabei, dass medial gerne Einzelaussagen von Vertretern einer ganzen Gruppe zugewiesen werden. Daher prüfen Sie, ob diese Aussage wirklich für eine größere Organisation spricht.)

3. Methodik

- Qualitative Analyse: Untersuchung von Inhalten, Symbolen, Bildern, Sprache, Stilmitteln und Bedeutungen.
- Quantitative Analyse: Zählen von Häufigkeiten (z. B. bestimmter Begriffe, Themen, Akteure, Bilder).
- Kombinierte Analyse: Verbindung von qualitativen und quantitativen Ansätzen, z. B. Korpusanalysen[13].

4. Kategorien und Kriterien

Definieren Sie klare Analyse-Kategorien. Beispiele:

- Inhalt: Themen, Botschaften, Argumentationsmuster.
- Sprache: Sprachstil, Rhetorik, Wortwahl.
- Perspektive: Objektivität, Meinungsäußerung, Bias.
- Akteure: Wer wird dargestellt? Welche Rollen spielen sie?

---

[13] Eine Korpusanalyse ist eine Methode der linguistischen und datenbasierten Analyse, bei der ein Korpus, also eine Sammlung schriftlicher oder gesprochener Texte, untersucht wird. Ziel ist es, Muster, Strukturen oder Tendenzen in der Sprache oder Kommunikation zu erkennen.

- Visuelle Gestaltung: Bildsprache, Farbschema, Layout (bei visuellen Medien).
- Interaktivität: Kommentare, Likes, Shares (bei sozialen Medien).

5. Analyseebenen

- Makroebene: Gesamtkontext des Mediums (gesellschaftlich, politisch, wirtschaftlich).
- Mesoebene: Strukturelle Merkmale des Mediums (Zielgruppe, Format, Reichweite).
- Mikroebene: Detailanalyse der spezifischen Inhalte (z. B. eines Artikels, Posts oder Beitrags).

6. Theoretischer Rahmen

Verwenden Sie theoretische Modelle oder Konzepte, um die Ergebnisse einzuordnen:

- Medienwirkungsforschung (z. B. Agenda-Setting, Framing, Priming).
- Kommunikationsmodelle (z. B. Sender-Empfänger-Modell, Lasswell-Formel).
- Diskursanalyse oder Ideologiekritik (z. B. Critical Discourse Analysis).

7. Datenaufbereitung und Visualisierung

- Ergebnisse dokumentieren: Tabellen, Diagramme oder Textzusammenfassungen erstellen.
- Interpretation: Ergebnisse im Hinblick auf die Ausgangsfragestellung diskutieren.
- Vergleiche: Gegenüberstellung von Medien oder Zeiträumen (falls relevant).

8. Kritische Reflexion

- Quellenkritik: Wie verlässlich und repräsentativ sind die analysierten Inhalte?
- Eigene Biases: Reflexion möglicher eigener Vorurteile oder Einflüsse auf die Analyse.
- Grenzen der Analyse: Was konnte nicht untersucht werden? Welche Aspekte bleiben unklar?

9. Präsentation der Ergebnisse

Klare Strukturierung des Berichts:

- Einleitung: Zielsetzung, Fragestellung, Methodik.
- Hauptteil: Analyseergebnisse, Belege, Diskussion.
- Fazit: Zusammenfassung, Schlussfolgerungen, ggf. Handlungsempfehlungen.

Abbildung 4 Die strukturierte Medienanalyse verlangt ein systematisches und zielgerichtetes Vorgehen

4.2   Politische Situation am Standort

Neben einer Analyse der Medien ist auch eine Untersuchung der politischen Situation am Standort erforderlich. Dies ist darauf zurückzuführen, dass bei der Diskussion um Flüchtlingsunterkünfte oftmals ausschließlich die Gefahren betrachtet werden, die aus der Unterkunft selbst entstehen können. Jedoch ist diese Betrachtungsweise unzureichend, da es ebenfalls möglich ist, dass die Unterkünfte selbst zu Zielobjekten von Straftaten werden.

Die Analyse der aktuellen politischen Landschaft ermöglicht eine zeitnahe Einschätzung der politischen Stimmung anhand der Wahlergebnisse und Zugewinne bzw. Verluste der verschiedenen Parteien. Vergleicht man die Ergebnisse der letzten Bürgermeister- und Gemeinderatswahl mit den Sitzen, die von rechten Parteien gewonnen bzw. verloren wurden, so lässt sich ableiten, dass eine detaillierte

Analyse der Parteiprogramme, Forderungen und politisch motivierter Kriminalität zielführend ist.

Ebenfalls empfiehlt es sich im Rahmen einer Ortsbegehung nach Anzeichen von (politisch motivierten) Straftaten die Augen offen zu halten. Ablehnende Graffiti, Vandalismusschäden oder regelmäßige Demonstrationen gegen die Unterkunft können als Anhaltspunkte dienen.

Ein Austausch mit der örtlichen Polizeibehörde kann diese Erkenntnisse verfestigen bzw. abklären.

4.3 Spannungslage innerhalb von Flüchtlingsunterkünften

Es sei darauf hingewiesen, dass vor einer weitergehenden Analyse der Spannungslage innerhalb von Flüchtlingsheimen eine detaillierte Untersuchung der zugrunde liegenden Faktoren erforderlich ist. Die Datenlage gestaltet sich in diesem Kontext als diffizil, sodass ein Versuch der Herleitung dieser Aspekte sowie der Ableitung entsprechender Schlussfolgerungen unabdinglich erscheint.

Ein wesentlicher Aspekt hierbei ist das Angriffsbild Dritter und die daraus resultierenden Auswirkungen, die anhand der Unfallstatistik der Verwaltungsberufsgenossenschaft (VBG) ermittelt werden können. Die VBG veröffentlichte zuletzt im Jahr 2022 Zahlen zu Arbeitsunfällen, zu denen auch Angriffe gegen Sicherheitskräfte gehören. Bei der Interpretation dieser Zahlen ist Folgendes zu berücksichtigen:

Die VBG erhebt ausschließlich diese Daten für das private Sicherheitsgewerbe. Sicherheitskräfte gelten in der Regel als das "feindliche" Gegenüber (z. B. im Gegensatz zu Sozialarbeiter:innen). Der regulierende Faktor des Berufszweiges, der im Zweifelsfall auch die Aufgabe besitzt, in angespannte Situationen einzugreifen (folglich dorthin zu gehen, wo es "knallen" wird), spricht nicht für eine repräsentative Darstellung aller Beteiligten in einem solchen Objekt.

Im Jahr 2022 wurden in Einrichtungen für Geflüchtete die geringsten Arbeitsunfälle innerhalb der gesamten Branche gemeldet (Anteil des Unfallaufkommens: 6,48 %).

Einsatzbereiche nach Unfallaufkommen 2022

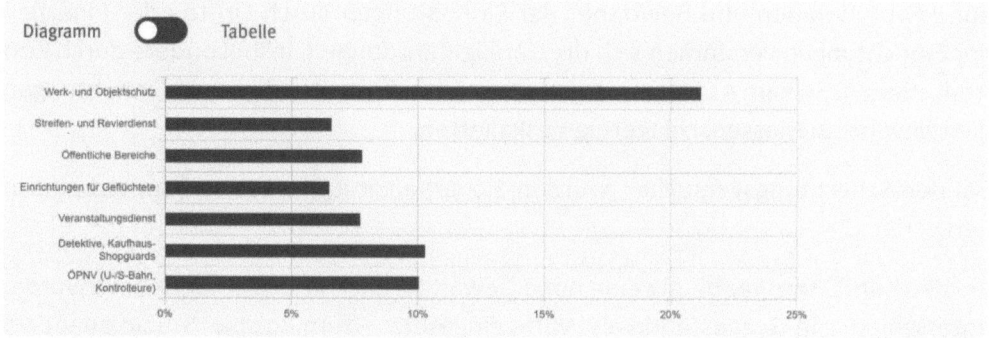

Abbildung 5 Einsatzbereiche nach Unfallaufkommen 2022[14]

Damit wurde ungefähr das Niveau von 2017 an Unfällen wieder erreicht.

Jahr	Prozent
2013	0,48
2014	1,13
2015	6,66
2016	10,64
2017	6,43
2018	6,72
2019	6,92
2020	8,63
2022	6,48

Flüchtlingszustrom (2015-2016)
Coronavirus-Pandemie (2020)
Für 2021 liegt derzeit keine komplette Auswertung vor

Abbildung 6 Entwicklung des Unfallgeschehens in Einrichtungen für Geflüchtete[15]

Nichtsdestotrotz muss angemerkt werden, dass wenn etwas passiert, in 71% aller Arbeitsunfälle eine Konfrontation vorliegt. Die VBG erklärt dies wie folgt: „Bei Sicherungsdienstleistungen in Einrichtungen für Geflüchtete und ähnlichen Einrichtungen handelt es sich um eine Kombination aus klassischem Werk- und Objektschutz und

---

[14] https://www.vbg-securityreport.de/einsatzbereiche, Stand: 18.11.2023
[15] https://www.vbg-securityreport.de/einsatzbereiche, Stand: 18.11.2023

einer Sicherung der Personen in diesen Einrichtungen. Durch mögliche Übergriffe auf Bewohnerinnen und Bewohner der Einrichtungen durch Dritte oder innerhalb der Einrichtungen verstärken sich die Unfallgefährdungen, insbesondere durch Konfrontationen. So kam es in der Vergangenheit häufig zu Konflikten in Einrichtungen, die teilweise zu Massenschlägereien eskalierten.

Bei den Schlichtungsversuchen wurden Sicherheitsmitarbeiter und -mitarbeiterinnen verletzt.

Bei den Konflikten war häufig eine hohe Gewaltbereitschaft zu erkennen. So wurden unterschiedliche Gegenstände als Waffe eingesetzt – zum Beispiel Stühle oder Gehhilfen. Auch spielte der Einfluss von Alkohol und Drogen bei einigen Unfällen eine ursächliche Rolle.[16]"

Dass dieser Wert überproportional hoch ist, zeigt ein Blick auf die Unfallursachen im Einsatzbereich „Öffentlicher Bereich", wo die Unfallursache „Konfrontation" weniger als 48% ausmacht.

Zusammenfassend lässt sich festhalten: Die Wahrscheinlichkeit von Unfällen in Flüchtlingsunterkünften ist deutlich geringer als in allen anderen Einsatzbereichen. Wenn aber etwas passiert, dann sind Konfrontationen und nicht klassische Unfälle die Hauptursache. Dieser Umstand ist wiederum - im Vergleich zu anderen erbrachten Dienstleistungen - überproportional hoch.

Häufig lassen sich jedoch mit etwas Recherche weitere Daten ermitteln, wie das folgende Beispiel zeigen soll: Der Landtag von Baden-Württemberg veröffentlicht in der „Drucksache 16 / 9138[17]" ergänzend zu den oben genannten Zahlen eine detaillierte Übersicht der Opferstatistik in den Jahren 2017 bis 2019, die die oben genannten Aussagen im Kern bestätigt.

---

[16] https://www.vbg-securityreport.de/einsatzbereiche, Stand: 18.11.2023
[17] Landtag von Baden-Württemberg - Drucksache 16 / 9138, abrufbar über: https://www.landtag-bw.de/files/live/sites/LTBW/files/dokumente/WP16/Drucksachen/9000/16_9138_D.pdf, Stand: 09.12.2023

Anzahl der Opfer an der TTO „Aufnahmeeinrichtung" in Baden-Württemberg	2017	2018	2019
Opfer gesamt	89	125	71
– davon Opfertyp „Behördenpersonal"	0	3	0
– davon Opfertyp „Wachpersonal"	7	15	8
– davon Opfertyp „Geschäftspersonal"	0	0	0
– davon Opfertyp „sonstiges Opfer im sozialen Bereich"	8	0	4
– davon Opfertyp „Asylbewerber/Flüchtling"	23	20	25

Abbildung 7 Opfer von Gewalt in Geflüchtetenunterkünfte[18]

Die Schwere der Folgen aus Abbildung 7 wurden wie folgt ausgeführt: „Innerhalb der letzten fünf Jahre mussten sich lediglich zwei Mitarbeiter des Regierungspräsidiums Karlsruhe aufgrund von Vorfällen während ihres Dienstes in medizinische Behandlung begeben. Vorfälle mit Mitarbeitern von beauftragten Dienstleistungsunternehmen werden im Innenministerium nicht statistisch dokumentiert. Eine Auswertung sämtlicher gemeldeter Vorfälle aus den vergangenen fünf Jahren wäre mit verhältnismäßigem Aufwand nicht herstellbar.[19]"

4.4 Polizeiliche Kriminalitätsanalyse

Die polizeiliche Kriminalitätsanalyse ist für mich immer der kritischste Punkt. Das liegt vor allem daran, dass wir hier vor der Herausforderung stehen, vorhandene Zahlen, die meist Städte, Gemeinden oder Landkreise als Ganzes betrachten, auf einen kleinen Teilbereich zu projizieren. Zudem ist die Polizeiliche Kriminalstatistik (PKS) mindestens ein Jahr alt, da die Zahlen in der Regel nur für das Vorjahr vorliegen.

Dennoch liefert sie Anhaltspunkte, die nicht unterschätzt werden sollten. Ich gehe hier so vor, dass ich die definierten Schutzziele einzelnen Straftaten zuordne. So kann das Schutzziel „körperliche Unversehrtheit" unter anderem den Delikten Körperverletzung, Mord, Nötigung und allen Sexualdelikten zugeordnet werden. Ebenso kann mit dem Schutz des Eigentums und anderen Schutzzielen verfahren werden.

---

[18] Ebd., S. 6
[19] Ebd., S. 6

An dieser Stelle ist es wichtig, auf einige Herausforderungen hinzuweisen:

1. Die PKS ist eine reine Hellfelddarstellung, also im Grunde nur die Darstellung der angezeigten Straftaten. Das Dunkelfeld kann wesentlich mehr Zahlen aufweisen.

2. Selten liegen Zahlen zu einem Platz, einem Straßenabschnitt oder einer Adresse vor. Vor allem in Landkreisen oder Großstädten liegt eine PKS für den gesamten Zuständigkeitsbereich vor. Die Aussagen müssen also entsprechend eingeordnet werden.

3. Wir lassen uns oft dazu verleiten, Zuwächse nur prozentual anzugeben und damit vielleicht Botschaften zu implizieren. Wir sollten aber bedenken, dass eine Steigerung um 100% von 5 auf 10 Fälle etwas anderes bedeutet als von 1.000 auf 2.000 Fälle. Deshalb gebe ich immer die Prozentzahlen und die tatsächlichen Fallzahlen an - alles andere wäre auch unseriös und populistisch.

4. Wir müssen diese Zahlen auch in einen größeren Zusammenhang stellen. Ein Anstieg um 1.000 Fälle in einem Landkreis mit 20.000 Einwohnern bedeutet etwas anderes als in einer Großstadt mit 4 Millionen Einwohnern. Viele Polizeien verwenden deshalb die so genannte Häufigkeitszahl. „Die HZ ist ein Kriminalitätsquotient, der die Zahl der bekannt gewordenen Fälle auf 100.000 Einwohnerinnen und Einwohner bezieht. Nur so können Gebiete mit unterschiedlicher Einwohnerzahl miteinander verglichen werden. [20]“

5. Es geht auch darum, Anhaltspunkte für eine externe UND interne Bedrohung zu finden. Ich benutze hier bewusst den Begriff „Anhaltspunkte", da wir diese nur in der Analyse der politisch motivierten Straftaten und in der Auswertung der nichtdeutschen Tatverdächtigen sowie der Kriminalitätsopfer finden können. Auf die Aussagekraft der Zahlen wurde bereits weiter oben eingegangen.

6. Auch die zu analysierenden Straftaten müssen verstanden werden. Der tätliche Angriff auf Polizeibeamte kann ebenso wie der Widerstand gegen Vollstreckungsbeamte ein breites Spektrum von Begehungsweisen umfassen. Nicht jeder Strich in der Statistik bedeutet konkret, dass Polizeibeamte überproportional häufig angegriffen werden. Angriffe mit der Tatwaffe

---

[20] https://www.kriminalitaetsatlas.berlin.de/K-Atlas/atlas.html, Stand: 22.10.2024

Messer werden erst seit wenigen Jahren strukturiert erfasst. Auch 2024 finden wir in den Vergleichswerten noch die Coronapandemie mit ihren Besonderheiten. Nicht zu vergessen die politische Aufmerksamkeit und die damit verbundene Anzeigebereitschaft für bestimmte Delikte.

7. Wir müssen verstehen, dass es sogenannte Kontrolldelikte gibt. Das sind Straftaten, die in der Regel nur deshalb in der Statistik auftauchen, weil eine Kontrollperson (z.B. Polizei, Sicherheitsdienst, andere Behörden) zuvor diese Straftat festgestellt hat. Dazu gehören Ladendiebstahl, Drogendelikte, Hausfriedensbruch, Erschleichen von Leistungen etc. Die Aussagekraft dieser Zahlen muss immer im Zusammenhang mit dem eingesetzten Personal gesehen werden.

8. Schließlich sind weitere Einflussfaktoren zu berücksichtigen. In Großstädten können z.B. touristische Hotspots dazu führen, dass dort vermehrt Taschendiebstähle registriert werden. Es ist sehr wahrscheinlich, dass dort mehr Touristen als „Einheimische" Opfer dieser Straftat werden. Wie können wir nun mit diesen Herausforderungen umgehen? Neben den bereits beschriebenen Klassifizierungen machen es uns das Land und die Polizei Berlin mit dem Kriminalitätsatlas relativ einfach, spezifische Orte zu betrachten.

Wie gehen wir nun mit diesen Herausforderungen um? Neben den bereits beschriebenen Klassifizierungen machen es uns das Land und die Polizei Berlin mit dem Kriminalitätsatlas relativ einfach, spezifische Orte zu betrachten.

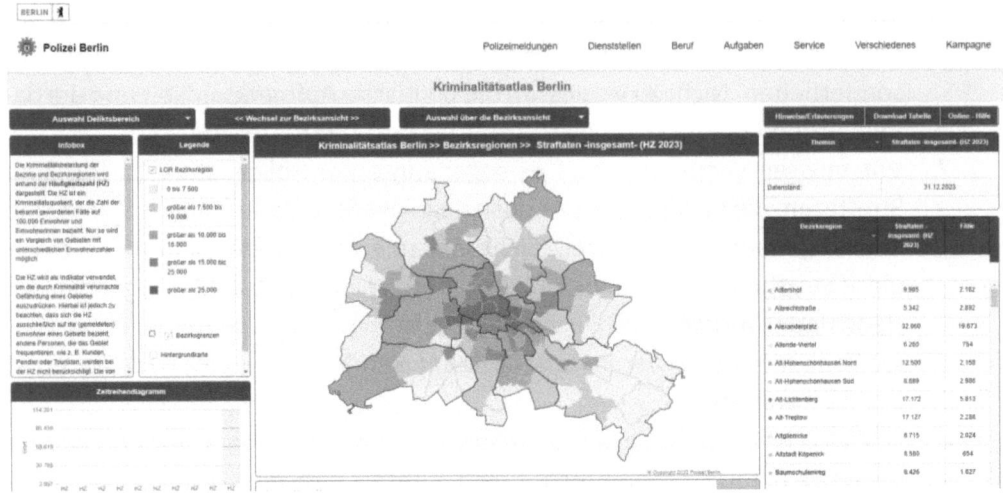

Abbildung 8 Kriminalitätsatlas Berlin[21]

Hier haben wir die Möglichkeit, eine Analyse bis auf Bezirksregion durchzuführen. Damit rücken wir etwas näher an den zu untersuchenden Ort heran.

Im Idealfall suchen wir den Kontakt zur örtlichen Polizeidienststelle und versuchen in Gesprächen mit den Polizeibeamten detailliertere Informationen zu erhalten. Das Gleiche gilt natürlich auch für andere Sicherheitspartner wie das Ordnungsamt, Sozialarbeiter und örtliche Vereine. Diese kennen die Herausforderungen deutlich besser und können Einblicke in das Dunkelfeld geben. Aber auch hier müssen die Aussagen eingeordnet und im Idealfall mit belegbaren Zahlen untermauert werden.

4.5 Studienlage Kriminalität durch Migranten

Grundsätzlich möchte ich vor dem Einstieg in die Risikoanalyse und -bewertung auf eine aktuelle Studie verweisen, die sich wissenschaftlich mit dem Kriminalitätsverhalten von Migranten beschäftigt hat.

Die Studie „Steigert Migration die Kriminalität?" von Joop Adema und Jean-Victor Alipour[22], veröffentlicht im ifo Schnelldienst digital im Februar 2025, untersucht die Frage, ob Migration einen Einfluss auf die Kriminalität in Deutschland hat. In der

---

[21] https://www.kriminalitaetsatlas.berlin.de/K-Atlas/atlas.html, Stand: 28.12.2024
[22] Adema, J. / Alipour, J. (2025)

öffentlichen Debatte wird häufig darauf hingewiesen, dass Ausländer in der Polizeilichen Kriminalstatistik (PKS) überrepräsentiert sind. Die Autoren analysieren daher Kriminalitätsdaten auf Kreisebene für den Zeitraum von 2018 bis 2023 und setzen sie in den Kontext wissenschaftlicher Forschung.

Die Untersuchung zeigt, dass im Jahr 2023 auf 1.000 ausländische Einwohner 57 Tatverdächtige kamen, während es bei Deutschen nur 19 waren. Selbst nach Ausschluss von Verdächtigen ohne Wohnsitz in Deutschland bleibt die Kriminalitätsrate unter Ausländern höher. Dies führt immer wieder zu politischen Debatten über eine vermeintlich erhöhte Kriminalitätsneigung von Migranten. Die Autoren der Studie stellen jedoch fest, dass die höhere Tatverdächtigenrate unter Ausländern nicht auf eine grundsätzlich größere Neigung zu Straftaten zurückzuführen ist. Vielmehr erklärt sich diese Differenz durch strukturelle Faktoren. Migranten leben häufiger in städtischen Gebieten mit generell höheren Kriminalitätsraten. Zudem sind sie im Durchschnitt jünger und männlicher – zwei Faktoren, die auch unter Deutschen mit einer höheren Wahrscheinlichkeit für Straffälligkeit korrelieren. Nach Bereinigung dieser Faktoren lässt sich kein signifikanter Zusammenhang zwischen einem höheren Ausländeranteil und der lokalen Kriminalitätsrate feststellen.

Eine Längsschnittanalyse über den Zeitraum von 2018 bis 2023 bestätigt dieses Ergebnis. Veränderungen im Ausländeranteil einer Region stehen in keinem statistisch signifikanten Zusammenhang mit Veränderungen der Kriminalitätsrate vor Ort. Das bedeutet, dass die Kriminalitätsbelastung einer Region nicht davon abhängt, ob sie mehr oder weniger Migranten aufnimmt. Eine differenzierte Betrachtung nach Straftatbeständen zeigt zudem, dass Migration keinen Einfluss auf schwere Delikte wie Mord oder Sexualverbrechen hat. Während in einzelnen Deliktgruppen wie Sachbeschädigung ein leichter Anstieg zu verzeichnen ist, nehmen andere, beispielsweise Diebstahldelikte, im Schnitt sogar ab.

Besonders relevant für die politische Debatte ist die Erkenntnis, dass Schutzsuchende keinen messbaren Einfluss auf die Kriminalität haben. Die Studie zeigt, dass ein Anstieg der Anzahl von Flüchtlingen in einer Region nicht mit einer steigenden Kriminalitätsrate einhergeht. Aussagen, die eine erhöhte Straffälligkeit von Asylbewerbern suggerieren, sind demnach nicht durch Daten belegbar.

Diese Ergebnisse stehen im Einklang mit internationalen Studien, die ebenfalls zeigen, dass Migration die Kriminalität nicht systematisch erhöht. In den USA beispielsweise sind Migranten sogar seltener straffällig als Einheimische. Dennoch besteht in vielen Ländern eine verzerrte öffentliche Wahrnehmung zu diesem Thema. Medienberichte über Straftaten von Migranten sind oft überproportional präsent, was die gesellschaftlichen Vorurteile verstärkt. Untersuchungen zeigen zudem, dass Menschen die Anzahl von Migranten in ihrer Umgebung und deren Beteiligung an Straftaten häufig überschätzen.

Um Kriminalität unter Migranten zu reduzieren, empfehlen die Autoren gezielte Maßnahmen zur besseren Integration. Dazu zählen vor allem der erleichterte Zugang zum Arbeitsmarkt und Sprachkurse, die nachweislich das Kriminalitätsrisiko senken. Auch eine verbesserte regionale Verteilung von Migranten könnte helfen, indem persönliche Qualifikationen und wirtschaftliche Bedingungen vor Ort stärker berücksichtigt werden. Eine weitere Herausforderung besteht darin, die öffentliche Debatte sachlicher zu gestalten und emotionale Fehlinformationen zu korrigieren. Eine faktenbasierte Berichterstattung könnte dazu beitragen, bestehende Vorurteile abzubauen und ein realistischeres Bild von Migration und Kriminalität zu vermitteln.

Zusammenfassend kommt die Studie zu dem Schluss, dass Migranten in der Kriminalstatistik zwar überrepräsentiert sind, dies aber nicht bedeutet, dass sie krimineller sind als Deutsche. Vielmehr sind strukturelle Faktoren wie Wohnorte und demografische Zusammensetzung ausschlaggebend. Migration hat keinen systematischen Einfluss auf die Kriminalitätsrate, sodass eine faktenbasierte Debatte notwendig ist, um falsche Vorstellungen über Migration und Sicherheit zu korrigieren.

5.0 RISIKO- UND SCHWACHSTELLENERMITTLUNG

Bei der anschließenden Ermittlung der Risiken/Schwachstellen können dann sowohl allgemeine, bereichsübergreifende als auch bereichsspezifische Schwachstellen und Risiken identifiziert werden. Diese Logik findet sich in der Gliederung der folgenden Kapitel wieder.

Vorab möchte ich auf zwei allgemeine Aspekte hinweisen: Erstens, wenn eine andere Nutzung als die bisher vorgesehene vorgesehen wird, müssen die daraus neu entstehenden Risiken bewertet werden. Dies gilt auch für eine neue Zusammensetzung der Bewohnerinnen und Bewohner sowie für eine veränderte Geschlechter- und Altersstruktur.

Darüber hinaus berücksichtigen Sicherheitskonzepte grundsätzlich Personengruppen und Täter, die vom friedlichen Zusammenleben abweichen. Dies bedeutet nicht, dass alle hier angesprochenen Personen in eine negative Kategorie eingeordnet werden sollen. Dieses Konzept richtet sich im Wesentlichen gegen Personen, die den Frieden stören wollen und dient im Wesentlichen dem Schutz der friedlichen Flüchtlinge, Mitarbeiter und anderer Beteiligter - sonst bräuchten wir schließlich auch keine Sicherheitskonzepte.

Die hier aufgeführten Risiken stellen nur eine Auswahl dar, die je nach Art der Unterkunft zu berücksichtigen sind. Darüber hinaus sind selbstverständlich alle Risiken im Rahmen von Begehungen strukturiert zu erfassen und mit Maßnahmen zu hinterlegen.

5.1 Einführung Risikomanagement

Um Sicherheitsrisiken wirksam begegnen zu können, ist deren Identifizierung ein zentraler Bestandteil des Sicherheitsmanagements. An dieser Stelle greifen Risiko- und Sicherheitsmanagement ineinander und entwickeln sich zu einem ganzheitlichen, integrativen Ansatz.

Daher werden zunächst die grundlegenden Elemente des Risikomanagements betrachtet. Diese umfassen insbesondere

- die Identifikation von Risiken, - deren Bewertung und - deren anschließende Analyse.

Die Frage nach dem Nutzen eines prozessorientierten Ansatzes ist eng verbunden mit den Anforderungen an moderne, immer komplexer werdende Systeme. Unternehmen sehen sich zunehmend mit ineinander greifenden Geschäftsprozessen und Abhängigkeiten innerhalb von Lieferketten konfrontiert. Diese steigende Komplexität erfordert eine vorausschauende Planung, um Risiken frühzeitig zu erkennen und gezielt darauf reagieren zu können.

Der Begriff „Risiko" wird in der Literatur nicht einheitlich definiert. Etymologisch leitet er sich von dem frühitalienischen Wort „risco" ab, das „eine Klippe umschiffen" bedeutet. Sinngemäß beschreibt Risiko also die Fähigkeit, Gefahren zu vermeiden oder abzuschwächen, die andernfalls großen Schaden anrichten könnten. Diese sprachliche Herleitung lässt sich bildlich gut nachvollziehen: Würde ein hölzernes Schiff auf eine Klippe auflaufen, hätte dies fatale Folgen.

Im deutschen Sprachgebrauch ist der Begriff „Risiko" häufig negativ besetzt. In der Fachliteratur setzt sich jedoch zunehmend die Definition durch, dass Risiko im Wesentlichen die Auswirkungen von Unsicherheiten auf Ziele (nach ISO 27000) sowie die Folgen von Ereignissen und Entwicklungen (nach ISO 31000) beschreibt. Dabei kann das Ergebnis sowohl positiv (Chance) als auch negativ (Risiko) sein.

Betrachtet man das Risiko ausschließlich aus einer negativen Perspektive, so wird deutlich, dass neben der Identifikation von Risiken auch das Vorhandensein einer Schwachstelle erforderlich ist, damit eine Bedrohung tatsächlich ein Risiko für eine Organisation darstellt. Beispielsweise wird die Bedrohung durch Erdbeben erst dann zu einem Risiko für ein Unternehmen, wenn es Mitarbeitende, Gebäude oder Lieferanten in der betroffenen Region hat.

Zentrales Ziel des Risikomanagements ist es daher, den kontrollierbaren Teil von Ereignissen zu maximieren und den nicht kontrollierbaren Teil zu minimieren.

Sowohl Individuen als auch Organisationen und ihre Entscheidungsträger streben danach, Risiken quantifizierbar zu machen. Dieser Wunsch spiegelt sich in der Fachliteratur wider, die häufig mathematische Modelle vorstellt. Diese beschreiben den

Zusammenhang zwischen der Wahrscheinlichkeit eines Ereignisses und dem möglichen Schadensausmaß.

$$Risiko = Eintrittswahrscheinlichkeit \times Schadensausmaß$$

Dabei werden den einzelnen Faktoren Werte hinterlegt, um mathematisch zu einer Bewertung zu kommen.

Wert	Kategorisierung
1	Hoch
2	Mittel
3	Gering

Damit soll sich maßgeblich das Risiko vergleichen lassen. Dass dies an seine Grenzen kommen kann, zeigt nach nachfolgende Beispiel:

$$Risiko_1 = 1 \times 3 = 3$$

$$Risiko_2 = 3 \times 1 = 3$$

Den Risiken 1 und 2 müssten daher gleichwertig mit Maßnahmen hinterlegt werden. Das kann möglich sein, jedoch schwierig, wenn Risiko 1 beispielsweise verbal-aggressive Kunden am Büro des Sicherheitsdienstleisters und Risiko 2 einen Ufo-Absturz über das Objekt darstellt. Hat sich ein Unternehmen auf eine konkrete mathematische Methode festgelegt, dann fehlt die Komponente der Bewertung mit welchem Risiko nun nachgehend umgegangen werden muss.

Neben dem zuvor genannten Risiko gibt es auch das Interpretationsrisiko:

- Was bedeutet „hoch" für den Analysten?
- Bis wohin spricht das Unternehmen noch von „mittel", ab wann von „niedrig"?

Studien haben belegt, dass eine ausschließlich verbalisierte Kategorisierung das Ziel der Wiederholbarkeit des Risikoassessments mit gleichbleibenden Ergebnissen nahezu unmöglich macht. „Auffällig ist, dass die meisten verbalen Wahrscheinlichkeitsangaben zwischen den Befragten eine Spannweite der zuordenbaren Wahrscheinlichkeiten von zehn Prozent und mehr aufweisen. Die Interpretation einer verbalen Wahrscheinlichkeitsaussage ist zudem stark kontextabhängig.[23]"

Objektiver handelt man, wenn den Kategorien eindeutige Referenzwerte in Abhängigkeit der Risikotoleranz eines Unternehmens zugeordnet werden. Das können zum Beispiel finanzielle Verluste sein („Bis 30.000 € ist es ein geringes Risiko"), Mitarbeiterfluktuation oder andere messbare Aspekte darstellen.

Risk rating	Definition
Catastrophic	• Financial loss: [ ]% of earnings before interest, taxes, depreciation and amortization (EBITDA) or more than [ ]% impact on share price • International negative media coverage for more than six months that results in at least [ ]% revenue loss • More than [ ]% employee turnover • Prosecution, fines and litigation greater than [ ]% of expenses • Threatened or actual loss of [ ]% or more strategic customers
High	• Financial loss: [ ]% of EBITDA or share price • Reputation damage from media coverage that persists for one to six months and results in [ ]% nonrecurring revenue loss • Results from employee survey showing staff morale more than [ ]% less than peer organizations • Threatened or actual loss of [ ]% strategic customers
Medium	• Financial loss: [ ]% of EBITDA or share price • Reputation damage from media coverage that persists for less than one month and results in [ ]% nonrecurring revenue loss • Results from employee survey showing morale [ ]% less than peer organizations • Threatened or actual loss of [ ]% strategic customers
Low	• Financial loss: less than [ ]% of EBITDA or share price • Local reputation damage from NGO or media resulting in less than [ ]% revenue loss • Individual feedback from employees on low staff morale • Customer complaints from less than [ ]% of strategic customers

Abbildung 9 Bewertungskategorien, Quelle: COSO/WBCSD in: Everling (et. al) (2020), S. 396

Nur in wenigen Wirtschaftsbereichen ist diese Umsetzung und Ableitung in Sicherheitskonzepte eine konkrete gesetzliche Verpflichtung (z.B. Banken, Flughäfen), in anderen Bereichen bestehen auch indirekte Verpflichtungen, z.B. die Erstellung von Sicherheitskonzepten nach der Musterversammlungsstättenverordnung für Großveranstaltungen. Unabhängig von einer Verpflichtung sind Unternehmen gut beraten, sich mit diesen Inhalten zu beschäftigen. Denn nur wer Risiken kennt, kann ihnen begegnen.

---

[23] Everling (et. al) (2020), S. 416

5.1.1 Objektivierung von Risiken

Es erscheint daher sinnvoller, eine standardisierte Risikobewertung durchzuführen, um subjektive Verzerrungen bei der Risikobewertung zu minimieren. Menschen neigen dazu, persönliche Erfahrungen und Erlebnisse in ihre Bewertungen einfließen zu lassen, was die Objektivität beeinträchtigen kann. In der Literatur wird zwischen risikoaffinen und risikoaversen Menschen unterschieden: Erstere sind bereit, höhere Risiken einzugehen, während letztere eher weniger riskante Alternativen wählen. Diese Unterschiede führen dazu, dass Entscheidungsträger zu unterschiedlichen Ergebnissen kommen können, wenn subjektive Einschätzungen dominieren.

Zudem stimmt die subjektive Bedrohungswahrnehmung nicht immer mit der tatsächlichen Eintrittswahrscheinlichkeit des Risikos überein. Diese Diskrepanz wird durch verschiedene Faktoren beeinflusst:

- **Die mögliche Schwere der Folgen:** Je gravierender die potenziellen Auswirkungen, desto stärker wird das Risiko wahrgenommen.

- **Der Wissensstand der betroffenen Person:** Menschen mit geringerem Wissen neigen dazu, Risiken stärker zu fürchten als Experten.

- **Die Vertrautheit mit dem Risiko:** Ein Risiko, das häufig im Alltag vorkommt, wird oft als weniger bedrohlich empfunden.

- **Der Grad der Risikoaversion:** Personen, die generell risikoscheu sind, bewerten Risiken strenger als risikofreudige Menschen.

- **Freiwilligkeit des Risikos:** Freiwillig eingegangene Risiken, etwa in der Freizeit, werden leichter akzeptiert als Risiken, die am Arbeitsplatz auftreten.

Diese Faktoren führen dazu, dass die mathematisch objektiv ermittelten Risiken oft nicht mit der subjektiven Wahrnehmung der Menschen übereinstimmen. Neben den beschriebenen Herausforderungen können solche Diskrepanzen auch finanzielle Folgen haben. So zeigen Untersuchungen, dass risikoaverse Manager bis zu 15

% mehr für Sicherheitsmaßnahmen ausgeben könnten, um ein für sie akzeptables Sicherheitsniveau zu erreichen, als risikofreudigere Entscheidungsträger.[24]

Unabhängig vom subjektiven Charakter kann die Über- oder Unterschätzung von Risiken aber auch in der Art des Risikos begründet sein. Bei häufigen Ereignissen und hohem Schadensausmaß werden Risiken in der Regel überschätzt. Seltene und bekannte Ereignisse werden regelmäßig unterschätzt, was in der folgenden Grafik gut zu erkennen ist.

Risiken werden überschätzt, wenn:	Risiken werden unterschätzt, wenn:
• Ereignisse häufig vorkommen • Ereignisse große Schäden verursachen (unabhängig von ihrer Wahrscheinlichkeit) • Ereignisse kürzlich geschehen sind oder werden in den Medien breit diskutiert werden • man persönlich betroffen ist	• Ereignisse selten passieren • Möglichkeiten der Einflussnahme überschätzt werden • Risiken bekannt sind • Risiken wissenschaftlich untersucht wurden • Schäden reversibel sind

Abbildung 10 Faktoren der falschen Einschätzung von Risiken, Quelle: Vogt (et. al) (2022), S. 290

Die Risikobereitschaft eines Unternehmens wird maßgeblich von verschiedenen internen und externen Faktoren geprägt. Zu den entscheidenden Einflussgrößen zählen:

- **Kulturelle Hintergründe und Einflüsse:** Die gesellschaftlichen und regionalen Werte, in denen das Unternehmen eingebettet ist.

- **Organisationskultur und Führungshaltung:** Die Grundhaltung des Managements gegenüber Risiken und der Umgang mit Unsicherheiten.

- **Normen, Werte und Interessen:** Die grundlegenden Prinzipien, die das Handeln der Organisation leiten.

- **Marktumfeld:** Ob das Unternehmen in einem konservativen oder eher innovationsgetriebenen Markt agiert.

---

[24] Miaoui (et. al) (2017) in: Vogt (et. al) (2022), S. 288

- **Weitere Faktoren:** Investitionen, Haftungsrisiken, Stakeholdermanagement und ähnliche Rahmenbedingungen.

So zeigt sich beispielsweise, dass Start-ups tendenziell eine höhere Risikobereitschaft aufweisen als traditionelle, konservativ geführte Familienunternehmen. Während Start-ups häufig bereit sind, Risiken zugunsten von Innovation und schnellem Wachstum einzugehen, legen familiengeführte Unternehmen in der Regel einen stärkeren Fokus auf langfristige Stabilität und Risikominimierung.

5.2.2 Identifizierung von Risiken

Bevor Risiken in Bezug auf Flüchtlingsheime identifiziert werden können, ist eine klare Definition des Kontexts unerlässlich. Diese umfasst die Prüfung durch Verantwortliche, um festzulegen:

- **Relevante Bereiche:** Welche Aspekte des Betriebs und der Verwaltung von Flüchtlingsheimen berücksichtigt werden müssen, z. B. Sicherheit, Gesundheitsversorgung, Infrastruktur oder soziale Unterstützung.

- **Den Behandlungsgegenstand:** Dazu zählen die Gebäude selbst, die Bewohner, Mitarbeitende sowie die angebotenen Dienstleistungen und Programme.

- **Beteiligte Akteure:** Neben internen Mitarbeitenden sind auch externe Partner wie Sicherheitsdienste, medizinische Einrichtungen, Behörden und NGOs einzubeziehen.

- **Die zugrunde liegenden Kriterien:** Nach welchen Standards und Vorgaben die Risikobewertung erfolgen soll, z. B. gesetzliche Vorschriften, humanitäre Standards oder organisatorische Leitlinien.

Die wichtigsten Kontext-Elemente sollten in einer umfassenden Risiko-Policy festgehalten werden, die speziell auf die Anforderungen von Flüchtlingsheimen zugeschnitten ist. Diese Policy dient als Grundlage für ein einheitliches und systematisches Risikomanagement.

Von besonderer Bedeutung sind dabei der Risikoappetit und die Risikotoleranz der Organisationen, die festlegen, welche Risiken in welchem Maße akzeptiert werden können. Diese Einstellungen werden stark von kulturellen und gesellschaftlichen

Einflüssen, den Normen und Werten der Organisation sowie den Anforderungen des jeweiligen Umfelds geprägt.

Die Identifikation erfolgt auf Basis des Vierklangs der nachfolgenden Grafik.

Abbildung 11 Vierklang der Identifikation, Quelle: eigene Darstellung

Der erste Schritt ist der Identifikation ist die Identifikation von Assets. Hierzu zählt eine strukturierte Erhebung der schützenswerte Assets einer Organisation, in der Form von materiellen und immateriellen Werten. In der Regel werden Asset-Listen erstellt, welche neben den Asset-Owner, als Eigentümer und Ansprechpartner für die Bewertung, auch die Wertigkeit für und die Örtlichkeit innerhalb des Unternehmens erfassen. Für Flüchtlingseinrichtungen erscheint dies zunächst komplex, dennoch können Einrichtungsgegenstände, Dienstleistungen und andere Werte aufgelistet werden. Denn nur, wenn ich weiß, was zu schützen ist und welchen Wert dies für eine Einrichtung hat, dann kann ich nachhaltige und angemessene Maßnahmen implementieren.

An nächster Stelle kommt die Bedrohungsidentifikation. Diese haben wir ja bereits in dem Kapitel „4.0 Einschätzung der Bedrohungslage" auf Seite 38 durchgeführt. Hier noch einmal der Hinweise: Diese sollte möglichst quantifizierbar gestaltet werden, also auf objektiven Zahlen, Daten und Fakten beruhen. Weitere Quellen können u.a. sein:

- Sicherheitsberichte von Bundes- oder Landesbehörden,

- Polizeiliche Kriminalitätsstatistik,
- Strukturierte Medienanalyse,
- Expertennetzwerke
- Interne Erfassungssysteme und Reportings[25].

Dabei ist zu beachten: „Eine Nicht-Quantifizierung von Risiken gibt es nicht; Nicht-Quantifizierung bedeutet Quantifizierung mit Null. Und dies ist sicherlich häufig nicht die beste Abschätzung eines Risikos.[26]" Grundsätzlich sollte beachtet werden: „If you can measure it, you can manage it. Die Notwendigkeit einer klaren quantitativen Beschreibung von Risiken wird daran deutlich, dass eine alleinige verbale Umschreibung ein sehr breites Interpretationsspektrum zur Folge hat.[27]"

In Abhängigkeit des Schutzziels sollte auf qualitative Dokumente verzichtet werden, da hier wieder das Risiko einer zu subjektiven Charakters besteht. Qualitativ bedeutet in diesem Zusammenhang, dass auf einzelne Aussagen und subjektive Bewertungen zurückgegriffen wird. Auch dazu haben wir bereits in dem Kapitel zur Bedrohungslage ausführlich gesprochen.

Bevor die Schwachstellen identifiziert werden, müssen bereits implementierte Maßnahmen strukturiert erhoben werden. Dies bietet einerseits die Möglichkeit der Evaluation dieser und andererseits der Schaffung von Synergien (z.B. der Zaun für den Perimeterschutz ist bereits da und muss „nur" erhöht werden).

Als vierter Schritt gehört dazu, dass die Schwachstellen innerhalb eines Unternehmens bekannt sind. Denn aus Risiken entstehen nur dann Bedrohungen, wenn diese auf eine Schwachstelle treffen.

---

[25] Horn (2022), S. 93 f.
[26] Everling (et. al) (2020), S. 417
[27] Ebd., S. 416

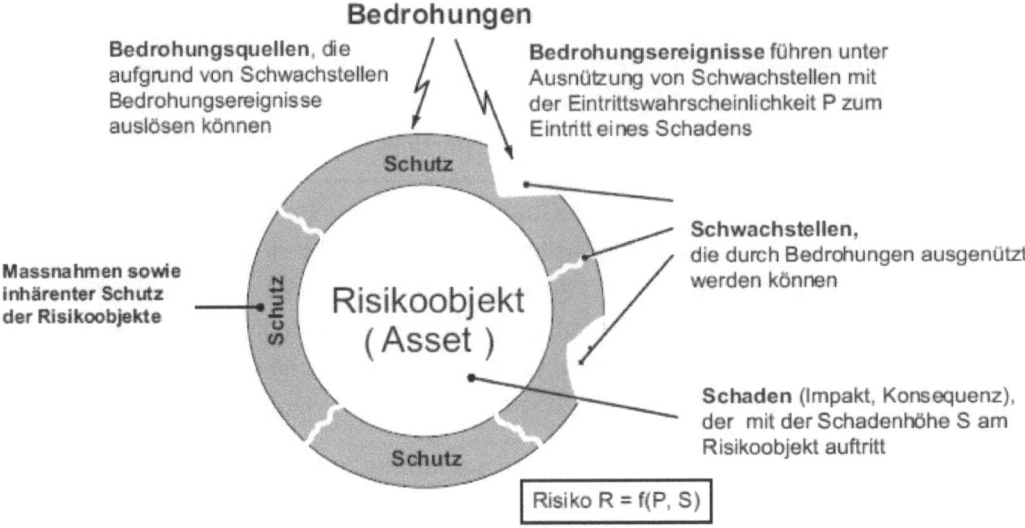

Bedrohungen

Bedrohungsquellen, die aufgrund von Schwachstellen Bedrohungsereignisse auslösen können

Bedrohungsereignisse führen unter Ausnützung von Schwachstellen mit der Eintrittswahrscheinlichkeit P zum Eintritt eines Schadens

Schutz

Massnahmen sowie inhärenter Schutz der Risikoobjekte

Schutz

Risikoobjekt (Asset)

Schwachstellen, die durch Bedrohungen ausgenützt werden können

Schutz

Schaden (Impakt, Konsequenz), der mit der Schadenhöhe S am Risikoobjekt auftritt

Risiko R = f(P, S)

Abbildung 12 Abhängigkeit von Schwachstelle, Bedrohung und Risiko, Quelle: Königs (2017), S. 14

Grundsätzlich sollte das Prinzip der Wesentlichkeit beachtet werden. Das bedeutet die Erfassung der Informationen möglichst vollständig, aber auch gezielt und strukturiert sowie sinnvoll mit dem richtigen Umfang der Erfassung. Diese hängen ganz speziell vom Schutzobjekt ab und können nicht standardisiert vorgegeben werden. Aus diesem Grund haben wir ja im Kapitel „2.0. Objektbeschreibung" auf Seite 23 ff. die Objekterfassung bereits beschrieben.

5.2 Psychologische Risiken

Das Sicherheitsmanagement kennt aus dem klassischen Objektschutz die klassischen Risiken, die sich in der Regel in den Bereichen

- Technisch
- organisatorisch
- personell
- baulich

wiederfinden. Natürlich beschäftigt sich ein professioneller Sicherheitsberater in speziellen Bereichen auch mit psychologischen Phänomenen. Diese beschränken sich jedoch in der Regel auf Themen wie

- Motivation von Innentätern,
- Unternehmenskultur,
- Sicherheitskultur als Teil der Unternehmenskultur,
- bestimmtes psychologisches Täterverhalten wie Social Engineering oder
- Mitnahmeeffekte.

Da beim Zusammentreffen unterschiedlicher Kulturen, Religionen und Herausforderungen wie Unsicherheit und drohende Abschiebung jedoch auch psychologische Effekte eine Rolle spielen, muss hier wesentlich detaillierter auf diese eingegangen werden.

Um die folgenden Risiken differenziert betrachten zu können, erscheint es notwendig, an dieser Stelle zunächst ein grundlegendes Bild der Wohnsituation in einer solchen Unterkunft zu zeichnen. In der Psychologie ist anerkannt, dass Spannungsfelder wie Frustration, Hoffnungslosigkeit, Trauer, Wut und Hilflosigkeit, also der Verlust der Kontrolle über das eigene Leben, zu Stress und Aggressionen führen können, die im absoluten Eskalationsfall in körperliche Gewalt münden. Es ist notwendig zu verstehen, dass Menschen mit westeuropäischer Sozialisation hier nicht den Maßstab und die Erwartungen an Flüchtlinge aus anderen Kulturkreisen anlegen dürfen. Das Werteverständnis und anhaltende Konflikte können Teil einer kulturellen Prägung seit frühester Kindheit sein. So ist damit zu rechnen, dass Konflikte zwischen

- Religionen,
- politischen Anschauungen,
- eigenständigen Nationen,
- kulturellen Eigenheiten und
- sexuellen Orientierungen

kaum zu vermeiden sind. Auch ein „vermeintlicher" Kulturschock aufgrund der bisherigen Sozialisation oder aufgrund der Versprechungen von Schleppern und Schleusern ist zu berücksichtigen. Häufig fehlen wesentliche Informationen über das zukünftige „Heimatland" oder sind stark verfälscht. Nun kommt es zur Konfrontation zwischen Erzählung und Realität. Dieser Kulturschock kann grundsätzlich zur Akzeptanz der neuen Situation führen, aber auch zu Resignation, die potenziell in Alkohol- und Drogenkonsum sowie Depressionen münden kann.

Auch hier können Aspekte wie mangelnde Sprach-, Lese- und Kommunikationskompetenz, die Erwartungshaltung „Englisch spricht die ganze Welt" und jeder benutzt lateinische Buchstaben, verstärkend wirken. In vielen Ländern der Welt wird Englisch in der Schule nicht gelehrt und es gibt andere Schriftzeichen, z.B. arabische. Es kann auch nicht erwartet werden, dass eine Rechtssozialisation - immerhin dürfen wir in Deutschland bis zum 14. Lebensjahr ungestraft „Fehler" machen, weil der Gesetzgeber der Meinung ist, dass wir erst nach dieser langen Zeit ein Verständnis von Recht und Unrecht haben, was in der Härte bis zum 25. Lebensjahr ausgedehnt werden kann - in kürzester Zeit erfolgen kann. Ohne Unterstützung kann in diesem Zusammenhang die überbordende Bürokratie überfordern.

Kommen dann noch Heimweh oder die Sorge um Familienangehörige in Kriegsgebieten hinzu, können psychische Ausnahmesituationen entstehen. Die Abhängigkeit von bürokratischen Entscheidungsträgern und der Verlust der Kontrolle über die eigene Perspektive schließen den Kreis zur Resignation als potentiellem Auslöser aggressiven Verhaltens.

Zudem zeigen Ereignisse wie in Magdeburg und Aschaffenburg, dass es nicht immer Fanatiker sein müssen, deren Handeln zu schweren Straftaten führt. Die Politik schiebt sich - wie in Aschaffenburg - gerade vor Wahlen gerne die Verantwortung zu und betont, wie wichtig es sei, diese Menschen sofort abzuschieben. Dass die Versorgungssituation - auch für deutsche Staatsbürger - unbefriedigend ist und das eigentliche Problem darstellt, hat Thomas Loew, Professor für Psychosomatische Medizin und Psychotherapie an der Universität Regensburg, in einem Interview mit T-Online dargelegt: „Die Versorgungssituation ist bei uns nicht optimal. Wir brauchen eine Struktur, um Menschen mit bestimmten Risikofaktoren wohnortnah versorgen zu können. Im Fall von Flüchtlingen und Asylbewerbern wäre eine Bündelung sinnvoll. Wir brauchen in Bayern [und überall anders] eine psychiatrische Klinik mit einer transkulturellen Kompetenz. [...] Patienten aus anderen Kulturkreisen können ambulant nur schwer behandelt werden. Zu den Verständigungsschwierigkeiten kommt das Problem der Kontinuität hinzu. Nehmen wir an, ein Patient hat eine akute Psychose. In einer normalen psychiatrischen Poliklinik oder Station wird man nach ein paar Tagen wieder entlassen — wenn die Akutphase abgeklungen ist. Mit Medikamenten lässt sich eine akute Psychose gut behandeln. Aber wenn der Patient die Medikamente nach seiner Entlassung nicht weiter nimmt, verliert man die Kontrolle. Die Patienten sind sich selbst überlassen.[28]"

Prof. Loew führt weiter aus, dass der Datenschutz angeblich eine Zentralisierung der Betreuung verhindere. In der Praxis erlebe ich immer wieder, dass die Aussage, dass die Sprechstunden der Sozialarbeiterinnen und Sozialarbeiter, also derjenigen, die in den Einrichtungen akute Phasen erkennen, Kontinuität in der Behandlung schaffen und Hilfe organisieren könnten, von Montag bis Freitag ausreichen müssten. Nimmt man diese „Voraussetzung" hier als gegeben an, so kann die personelle Ressource auf der Grundlage der vorangegangenen Ausführungen nur als ein weiteres Risiko definiert werden. Es ist bekannt, dass vor allem in den Nachtstunden traumatische Ereignisse wiederkehren, Konflikte durch individuelles Verhalten (z.B. Telefonate aufgrund der Zeitverschiebung) oder Polizeieinsätze auftreten, die eine professionelle sozialpsychologische Betreuung erforderlich machen.

Im Rahmen des bundesweiten Projekts „Traumatisierungsketten durchbrechen – Handlungsunsicherheiten überwinden – Schutzsysteme stärken (THS), koordiniert durch die BAfF entwickelte das Netzwerk für traumatisierte Flüchtlinge in Niedersachsen e.V. einen „Leitfaden zum Umgang mit traumatisierten und psychisch erkrankten Geflüchteten im Aufnahmeverfahren[29]". Hierin beschreibt es mehrere Triggerfaktoren in Gemeinschaftsunterkünften und die damit verbundenen Verknüpfungen zu Erfahrungen (Abbildung 13[30]):

---

[28] https://www.t-online.de/nachrichten/panorama/id_100582982/aschaffenburg-bluttat-experte-erklaert-wie-das-system-versagt.html, Stand: 28.01.2025
[29] https://www.ntfn.de/wp-content/uploads/2020/10/200903_Leitfadencover_interaktiv.pdf, Stand: 07.12.2023
[30] Ebd., S. 24

AB 67 /

T

Triggerfaktoren in Gemeinschaftsunterkünften

Mit diesem Formular können Sie sich einen Überblick über mögliche Triggerfaktoren in Gemeinschaftsunterkünften und deren mögliche Verknüpfungen verschaffen.

Die wichtigsten Beispiele für häufige Triggerfaktoren in Gemeinschaftsunterkünften

Trigger	Kann an folgende Situation(en) erinnern
Zwang zur Unterbringung	Situation in Gefängnis und Lagern
Abgelegene Lage	eigene Ausgrenzung
Zäune und Mauern	Gefängnisbauten
Kontrollierende Verwaltung	Zwangssituationen wie Gefängnis- und Lageraufenthalt
lange, dunkle Flure	Gefängnis, Lager
Enge	überfüllte Gefängniszelle
Lärm (undefinierbar und diffus)	Gefängnis- oder Lagersituation
schlagende Türen	Abholen zum Verhör, Polizeihaft
Zwangsgemeinschaft mit Konflikten	Zwangssituationen
Polizeipräsenz in Uniform	eigene Verhaftung oder polizeiliche Angriffe
Schritte und laute Stimmen auf dem Flur	Abholen zur Folter und Verhören
Abschiebungen	Konfrontation mit Erlebnissen im Herkunftsland
Untätigkeit	Langeweile und Wartezeiten in Lagern, Gefängnissen, auf der Flucht
undefinierbare, fremde Gerüche	Gefängnis, Lager
Uringestank	Haft, Folter, Lager
nicht abschließbare Duschen und Toiletten	sexuelle Gewalterfahrung, Schutzlosigkeit in Gefängnis, Haft
ständige ungefilterte Informationen vom Herkunftsland	eigene schreckliche Erlebnisse
Gerüche von anderen Personen (z. B. Deo)	Erinnerung an Täter

Abbildung 13 Triggerfaktoren in Gemeinschaftsunterkünften

Noch nicht berücksichtigt in den vorangegangenen Ausführungen sind Kinder, Menschen mit Behinderungen, Betroffene sexualisierter Gewalt, Menschenhandel oder Folterüberlebende, die eine besondere Aufmerksamkeit bedürfen[31]. Auch nicht zu vernachlässigen sind nicht nur bei möglichen Suizidversuchen, die anwesenden Personale wie Sicherheitsdienst, Reinigung und Sozialarbeiter. Ein entsprechendes psychologisches Schutzkonzept sollte daher mit Experten ergänzend zum physischen Objektschutzkonzept erarbeitet werden.

---

[31] BAfF e.V. und Rosa Strippe e.V. (2023): „Leitfaden zur Erkennung besonderer Schutzbedarfe von geflüchteten Menschen", abrufbar: https://www.baff-zentren.org/wp-content/uploads/2023/03/Leitfaden_besondere-Schutzbedarfe.pdf, Stand: 03.12.2023

5.3 Bauliche Risiken

Mit den baulichen Risiken beginnen wir eine konkrete Risikoanalyse der Situation am Standort. Neben den technischen Risiken sind dies die Bereiche, in denen sich der Ersteller eines Sicherheitskonzeptes am wohlsten fühlt.

Ich beginne in der Regel mit der Raumaufteilung, das heißt, ich schaue mir die Raumstruktur anhand von Architektenplänen oder vor Ort sehr genau an. Dazu gehören vor allem die Räume für folgende Bereiche:

- Sicherheitsdienst,
- Sozialdienst
- Verwaltung
- Wohn- und Gemeinschaftsräume und
- Umgebung.

Warum diese Anforderungen wichtig sind, werden wir in den folgenden Kapiteln im Detail betrachten. Da es sich - je nach Hausordnung - um ein halböffentliches Gebäude handelt und die im Grundgesetz verankerte Freizügigkeit gewährleistet sein muss, haben wir hier auch andere Anforderungen, als wir sie vielleicht aus anderen Gebäudeschutzkonzepten kennen: Aspekte wie Perimeterschutz und Widerstandsfähigkeit gegen äußere Angriffe wie Einbruch gelten hier nur in Teilaspekten. Es muss ein Mittelweg gefunden werden zwischen dem Schutz vor Angriffen von außen, insbesondere an Orten mit schwieriger politischer Situation, und den rechtlichen Anforderungen an die Bewohner:innen. Letztere sind vor allem nicht mit Arbeitsplätzen wie z.B. bei Angestellten eines Bürokomplexes nicht zu vergleichen, da es sich auch um grundrechtlich geschützte Wohnorte der Bewohner:innen handelt.

5.3.1 Räumlichkeiten des Sicherheitsdienstes

Auch wenn ich es schon oft gesagt habe, möchte ich noch einmal darauf hinweisen, dass die Abmessungen natürlich den spezifischen Bedürfnissen entsprechen müssen. Dennoch können einige grundsätzliche Anforderungen definiert werden, wobei ich damit beginne, dass es einen Raum für den Sicherheitsdienst geben MUSS, was in der Planung oft nicht selbstverständlich ist. Welche Unterlagen für den Sicherheitsdienst notwendig sind, werden wir in einem späteren Abschnitt sehen, aber allein schon Dienstanweisungen, Dienstpläne, Protokolle und andere Unterlagen erfordern zumindest aus der Datenschutzgrundverordnung (DSGVO) heraus eine sichere und zugriffsgeschützte Aufbewahrung. Gleichzeitig sind aus Arbeitsschutz-vorschriften Räume für Rückzug, Pausen, Umkleiden etc. vorzuhalten. Dass diese gesetzlichen Vorgaben umgesetzt werden müssen, erachte ich an dieser Stelle als selbstverständlich und werde nicht weiter darauf eingehen.

Dieser Raum sollte am zentralen Zugang zur Unterkunft liegen und durch ein Fenster die Möglichkeit bieten, den Personen- und Besucherverkehr zu kontrollieren. Ein Schiebefenster bietet zudem die Möglichkeit, mit Personen aus einem gesicherten Bereich Kontakt aufzunehmen und mutwillige Türöffnungen frühzeitig zu erkennen. Auch für die Einweisung von Polizei und Rettungsdiensten ist eine zentrale Anlauf-stelle, die natürlich entsprechend gekennzeichnet sein sollte, hilfreich. Das bedeutet aber auch, dass der Zugang zum Raum mindestens mit einem Schließmittel gesichert sein muss, so dass sich Dritte keinen Zutritt verschaffen können.

Als Synergie und für die Wirtschaftlichkeit einer ständigen Besetzung der „Pforte" können hier technische (Haus-)Alarme wie z.B. Türüberwachungen, Überfallmelder in anderen Räumen oder Videoüberwachung von öffentlichen Bereichen aufge-schaltet werden.

Auch bei der Überwachung der Flucht- und Rettungswege kann sich die bauliche Situation für den Sicherheitsdienst als schwierig erweisen. Flucht- und Rettungs-wege befinden sich in der Regel auch an anderen Ausgängen. Diese sind grundsätz-lich nicht für den normalen Besucherverkehr vorgesehen. Aufgrund der Nutzungssi-tuation kann jedoch nicht ausgeschlossen werden, dass diese Türen - auch durch spielende Kinder - geöffnet werden. Das Erkennen eines ausgelösten Alarms und das Eingreifen des Personals ohne Reduzierung der Sicherheit am Hauptzugang sind durch technische und personelle Maßnahmen zu gewährleisten.

5.3.2 Räumlichkeiten des Sozialdienstes und der Verwaltung

Die Räumlichkeiten des Sozialdienstes sollten sich in unmittelbarer Nähe des Sicher-heitsdienstes befinden. Idealerweise mit Einsichtsmöglichkeit durch eine Glastür oder ein Fenster.

Auch dieser Raum darf nur in Begleitung von befugten Personen betreten werden, d.h. er muss ebenfalls über eine Zugangssicherung verfügen. Die bauliche Gestal-tung des Raumes und seiner Möblierung sollte so gewählt und gestaltet werden, dass dem Sozialarbeiter bei Besucherverkehr immer ein Fluchtweg zur Verfügung steht. Darüber hinaus sollte geprüft werden, ob Alarmierungsmöglichkeiten für sich zuspitzende Situationen implementiert sind. So kann schnellstmöglich Hilfe durch den Sicherheitsdienst organisiert werden.

5.3.3 Anrainergestaltung

Bei der Gestaltung der Außenanlagen kommt es zum ersten Mal zu einem Nutzungskonflikt, bei dem die Bedürfnisse beider Seiten berücksichtigt werden müssen. Auf der einen Seite muss man anerkennen, dass die Bewohner:innen einer Unterkunft, vor allem bei hoher Belegung, einen Fluchtinstinkt haben. Insbesondere in den Sommermonaten werden sie versuchen, sich im Freien aufzuhalten. Auf der anderen Seite ist zu bedenken, dass dies zu Lärm, Verschmutzung und Unsicherheit für die Anwohner führen kann. Zurückkommend auf das Ziel nachhaltiger Sicherheitskonzepte (Seite 13 ff.) lassen sich bereits im Vorfeld Faktoren identifizieren, die Nutzungskonflikte verstärken. Dies können sein

- Freies WLAN an öffentlichen Plätzen, aber nicht in der Unterkunft
- Park- und Grünflächen im Außenbereich, aber keine Erholungsflächen im Hausrechtsbereich der Unterkunft
- Dunkle Wege, fehlende Beleuchtung und Versteckmöglichkeiten durch Vegetation
- Gefährdete Einrichtungen wie Schulen und Kindertagesstätten in der näheren Umgebung, die eine hohe soziale und politische Diskussionswirkung haben
- Infrastruktureinrichtungen, die grundsätzlich ein Spannungsfeld darstellen, wie Bahnhöfe, Suchteinrichtungen oder sozial benachteiligte Gebiete

Deshalb ist es ratsam, sich bereits im Vorfeld über die Standortwahl ausreichend Gedanken zu machen und Anrainer und alle Verantwortlichen in die Diskussion mit einzubeziehen. Die Studienlage, unabhängig einer objektiven Bedrohungssituation, ist an dieser Stelle eindeutig: „Aus sozialwissenschaftlichen Studien ist bekannt, dass sich vor allem Frauen und verstärkt ältere Frauen bei Dunkelheit im öffentlichen Raum unbehaglich oder unsicher fühlen und Angst vor Übergriffen oder körperlicher Gewalt haben. Die Folgen sind Rückzug aus dem öffentlichen Raum und Einschränkung der Mobilität (Kaldun 1999, Schubert 1998, Susek 2006). Mehr als Zweidrittel aller befragten Frauen haben Angst, bei Dunkelheit Opfer einer Straftat zu werden.

Die Angst vor sexueller Gewalt im nächtlichen öffentlichen Raum ist dabei besonders groß (Kramer & Mischau 1994, Boer 1991, Rügemeier 2000).[32]"

Zudem ist wissenschaftlich belegt, dass bestimmte Straftaten durch Dunkelheit zunehmen[33]. Wir müssen uns bewusst machen, dass ein Vorfall ausreichend ist, um die Befürchtungen – vielleicht auch einer Minderheit – zu einer ablehnenden Diskussion führen kann. Auch wenn dieser Vorfall nicht zwangsläufig einem Geflüchteten zugeordnet werden kann.

5.3.4 Wohn- und Gemeinschaftsräume

Auch für die Untergebrachten ergeben sich spezifische bauliche Risiken. Diese können damit beginnen, dass sich die Wohnräume im Erdgeschoss befinden und Personen schon aus Neugierde an die Fenster herantreten und hineinschauen, fotografieren oder auch Straftaten begehen. Auf der anderen Seite können Personen mit Hausverbot oder außerhalb der Besuchszeiten die Wohnung problemlos betreten. Verschiedene Maßnahmen zum Schutz der Privatsphäre sind abzuwägen: Innenliegende Vorhänge erhöhen in einem kleinen Raum mit vielen Personen die Brandlast. Außenliegende Jalousien können bei Fehlbedienung oder Beschädigung zu höheren technischen Reparaturkosten führen.

In den Obergeschossen ist insbesondere bei Flachdächern die Gefahr von Abstürzen und anderen Unfällen zu berücksichtigen. Da die Dachbereiche in der Regel von außen nicht zugänglich sind, wäre ein Eingreifen des Sicherheitsdienstes nur über ein Bewohnerzimmer möglich. Hier wäre zu prüfen, ob ein Grundrechtseingriff in die Unverletzlichkeit der Wohnung auf der Grundlage der Hausordnung im Falle eines Betretungsverbots durch den Bewohner:innen überhaupt gerechtfertigt wäre.

Aus der grundsätzlichen Belegung der Gebäude entstehen weitere Risiken, die die bereits genannten Punkte aus Kapitel „5.2 Psychologische Risiken" auf Seite 66 massiv verstärken können. Nachfolgend soll sich daher auf vier Aspekte konzentriert werden:

---

[32] https://www.fgsberlin.de/projekt-verkehrsforschung-einzelansicht/verkehrsforschung-beleuchtung-und-sicherheit, Stand: 13.12.2023
[33] https://csl.mpg.de/410988/dunkle-staedte-ist-es-ohne-beleuchtung-wirklich-gefaehrlicher, Stand: 13.12.2023

- Küchensituation
- Gemeinschaftsräume
- Sanitärräume
- Belegung der Zimmer

Wenn wir von der Zimmerbelegung ausgehen, können wir uns häufig auf bestehende Gesetze stützen. So finden wir z.B. in § 8 FlüAG bei einer Belegung von 18 Personen die Voraussetzung einer Zimmergröße von mindestens 126 m². In der Praxis werden wir diese Voraussetzungen selten vorfinden, aber es zeigt, wie wichtig es ist, sich über die Belegung der Zimmer Gedanken zu machen, um Spannungen frühzeitig vorzubeugen. Die Zusammenlegung von zwei Familien kann sinnvoll sein, andererseits kann das Fehlen von partnerschaftlicher Intimität zu anderen Problemen führen. Eine Vermischung der Geschlechter außerhalb der Familien kann wiederum zu religiösen Spannungen führen. Wenn einige Bewohner:innen bereits eine Arbeitserlaubnis haben, können diese ebenfalls verstärkt werden, wenn ein Teil der Zimmerbewohner:innen im Schichtdienst arbeitet und dann zu wenig Schlaf und Erholung bekommt.

Bei den Gemeinschaftsräumen und Küchen ergeben sich weitere Herausforderungen, die zunächst in der Frage der Dimensionierung liegen. Wenn nicht genügend Kochstellen vorhanden sind, entsteht die Situation, dass nicht alle Familien gleichzeitig kochen können. Ein ungeregeltes Prinzip ohne Überwachung der aufgestellten Regeln kann hier zu massiven Konflikten und ungewollten Hierarchien innerhalb der Bewohnerschaft führen. Gleichzeitig muss geregelt werden, dass „persönliche" Lebensmittel abschließbar aufbewahrt werden können, da sonst durch Diebstahl von Lebensmitteln Misstrauen und Konflikte geschürt werden, die sich massiv auf das Zusammenleben auswirken. Gleichzeitig stellen sich weitere Fragen, z.B. ob sich Herde automatisch abschalten, wie Brandschutz und Hygiene geregelt sind.

Neben den bereits angesprochenen Herausforderungen bei der Umsetzung der Privatsphäre ist es darüber hinaus von entscheidender Bedeutung, dass insbesondere die Sanitärräume vor unbefugtem Zutritt und Einblick geschützt sind. Gleichzeitig stellt sich aber auch die Frage, wie mit Personen des dritten Geschlechts oder der LGBTQ-Community umgegangen werden soll.

Auch bei den Gemeinschaftsräumen stellt sich die Frage der Dimensionierung:

- Wo können Kinder Hausaufgaben machen und gemeinsam spielen?
- Wie viele Fernseher gibt es und wer entscheidet über das Programm?
- Wie wird mit Lärm umgegangen und die Hausordnung eingehalten?

Ich hoffe, Sie haben gesehen, dass es nicht darum geht, jemanden zu bevorzugen oder – wie es Populisten gerne darstellen – jemandem ein Fünf-Sterne-Hotel zur Verfügung zu stellen. Aber meine Philosophie ist: Wenn ich es schaffe, Spannungen im Vorfeld abzubauen, dann lebt es sich hinterher viel leichter und sicherer.

5.4 Organisatorische Risiken

Bevor wir uns den organisatorischen Risiken zuwenden, ist es wichtig zu verstehen, dass der Betrieb eines Flüchtlingsheims eine sehr komplexe Aufgabe ist, die eine sorgfältige Planung und ein hohes Maß an Sensibilität erfordert.

5.4.1 Personalmangel und Qualifikationsdefizite

Neben den Aspekten aus Kapitel „5.2 Psychologische Risiken" auf Seite 66 ff., die eine ausreichende Personalressource für Sozialarbeit fordern, soll nachfolgend noch einmal konkret auf die Personalsituation im Allgemeinen eingegangen werden. Das „Positionspapier: Soziale Arbeit mit Geflüchteten in Gemeinschaftsunterkünften – Professionelle Standards und sozialpolitische Basis[34]" der Alice Salomon Hochschule Berlin beschreibt die Risiken eines zu geringen Personalschlüssels wie folgt: „Die Förderung sowie die Gewährleistung des Schutzes besonders vulnerabler Gruppen (hier ist insbesondere auf die Kinder, aber auch auf die weiteren u.g. Personengruppen zu verweisen) ist zu beachten. Das personell, zeitlich, räumlich, konzeptionell und infrastrukturell meist unzureichend entwickelte Unterstützungsangebot trägt zudem dazu bei, dass es Sozialarbeiter_innen schwer fällt, die Menschen, mit denen sie arbeiten, als Individuen mit persönlichen Geschichten, Bedürfnissen und Wünschen wahrzunehmen.[35]"

Dies würde sich erschweren, wenn Sozialarbeiter „im Rahmen ihrer Tätigkeit […] in Gemeinschaftsunterkünften vielerorts in Tätigkeiten verwickelt [werden], die mandatswidrig sind. Etwa wenn von ihnen erwartet wird, dass sie ‚Amtshilfe' für die

---

[34] https://www.fluechtlingssozialarbeit.de/Positionspapier_Soziale_Arbeit_mit_Gefl%C3%BCchteten.pdf, Stand: 03.12.2023
[35] Ebd., S. 4

Polizei leisten, Angaben zu vermuteten Herkunftsländern machen, Abwesenheiten in Unterkünften melden, Adressen von untergetauchten Bewohner_innen weiterleiten oder dass sie an Altersfeststellungen mitwirken.[36]"

Grundsätzlich kann also formuliert werden, dass ein unzureichender Personalschlüssel neben der Verschiebung von Aufgaben und Verantwortlichkeiten auch zu der bereits beschriebenen Konflikteskalation in einer Unterkunft führen kann.

Bei einem ausreichenden Personalschlüssel kann der Mangel an qualifiziertem Personal ein weiteres erhebliches Risiko darstellen. Es ist unabdingbar, dass das Personal nicht nur in administrativen Aufgaben, sondern auch in interkultureller Kommunikation und Konfliktmanagement geschult ist. Mängel in diesen Bereichen können zu Missverständnissen und Spannungen führen, die sich auf das gesamte Klima auswirken.

5.4.2 Unzureichende Ressourcen und Ausstattungen
Ein weiteres Risiko liegt in der oft unzureichenden Ausstattung und Finanzierung der Unterkünfte. Dies betrifft sowohl materielle Ressourcen wie Betten, Küchenutensilien und Hygieneartikel als auch infrastrukturelle Bedingungen wie Internetzugang und Freizeitangebote. Eine unzureichende Ausstattung kann schnell zu Frustrationen und Konflikten unter den Bewohner:innen führen.

5.4.3 Fehlende Rechtsklarheit
Die rechtlichen Rahmenbedingungen, unter denen eine Flüchtlingsunterkunft arbeitet, sind oft komplex und ändern sich ständig. Mangelnde Rechtsklarheit oder fehlende aktuelle Informationen zu Asylverfahren und Arbeitsrechten können zu Unsicherheiten und Ängsten bei den Bewohner:innen führen und das Zusammenleben zusätzlich belasten.

Darüber hinaus können sicherheitsrelevante Informationen, die nicht in den erforderlichen Sprachen, sondern per se nur in deutscher Sprache vorliegen, zu Unkenntnis der gemeinsamen Regeln führen. Auch an dieser Stelle sei noch einmal auf das Kapitel „5.2 Psychologische Risiken" auf Seite 66 ff. verwiesen und die dort kommunizierte Anforderung, dass eine Hausordnung in der deutschen Sprache das Ziel der Gemeinsamkeit und Kommunikation auf Augenhöhe verfehlt. Unabhängig von den

---

[36] Ebd., S. 5

rechtlichen Hürden, dass eine Unterschrift unter einem nicht verständlichen Dokument möglicherweise keine Rechtskraft entfaltet, stellt dieses Dokument die Grundlage für das weitere Miteinander sowie für mögliche Sanktionsmöglichkeiten dar. Hier hat der Betreiber ein eigenes Interesse daran, dass Regeln verstanden und nachvollzogen werden können.

Insbesondere bei Sicherheitsregeln (u.a. Brandschutzordnung) kann das Verstehen und Umsetzen im Ernstfall über Leben und Gesundheit von Menschen entscheiden.

5.4.4 Schutz der Privatsphäre und Datenschutz

Ein wesentlicher Punkt ist der Schutz der Privatsphäre der Bewohner:innen. Dies betrifft nicht nur die räumliche Trennung von Schlaf- und Gemeinschaftsräumen, die Uneinsehbarkeit von außen und die Möglichkeit, private Gegenstände sicher zu verwahren, sondern auch den Schutz persönlicher Daten. Unzureichende Maßnahmen in diesem Bereich können zu Vertrauensverlust, Ängsten und datenschutzrechtlichen Sanktionen führen. Auch hier muss besonders darauf geachtet werden, dass nicht der Mechanismus der „Menschen zweiter Klasse" greift. Die Datenschutzgrundverordnung (DSGVO) ist hier sehr eindeutig - Daten dürfen nur auf gesetzlicher Grundlage oder mit Einwilligung der betroffenen Person herausgegeben werden. Auch beliebte Abfragen z.B. der Polizei, welche Person sich wann wo in der Wohnung aufhält, bedürfen einer gesetzlichen Grundlage. Die Folgen eines Verstoßes gegen die Datenschutzgrundverordnung können nicht nur den Betreiber, sondern auch den jeweiligen Mitarbeiter treffen. § 276 BGB beschreibt die Verantwortlichkeit des Schuldners und damit - verkürzt ausgedrückt - die Grundlage für die Haftung des Verursachers. Ich beginne damit, weil in der Diskussion um die DSGVO immer nur die Unternehmerhaftung und die Schadensersatzpflicht nach Art. 82 ff. DSGVO diskutiert wird. Vergessen wird dabei der sogenannte „Mitarbeiterexzess", wenn das Handeln eines einzelnen Mitarbeiters nicht mehr der unternehmerischen Verantwortung zugerechnet werden kann. Dies ist in der Regel immer dann der Fall, wenn die juristische Person (Betreiber, Unternehmer etc.) alles unternommen hat, um ein Organisationsverschulden zu verhindern. Hierzu zählen insbesondere Schulungen, Dienstanweisungen und technisch-organisatorische Maßnahmen, die Datenschutzverstöße verhindern sollen. Werden diese Maßnahmen nicht getroffen oder bei Auftragnehmern nicht eingefordert und überprüft, zählen

Datenschutzverstöße aufgrund der hohen Bußgelder zu den wirtschaftlich schwerwiegendsten Risiken (Strafen bis zu 4% der weltweiten Jahresumsatzes).

5.4.5 Sauberkeit, Sicherheits- und Gesundheitsrisiken

Die Sicherheit und Gesundheit der Bewohner:innen muss jederzeit gewährleistet sein. Dazu gehören Brandschutz- und Hygienemaßnahmen ebenso wie die Gewährleistung einer gewaltfreien Umgebung. Ein Versagen in diesen Bereichen kann dramatische Folgen haben und das Wohlbefinden der Bewohner:innen erheblich gefährden. Darüber hinaus sind Schutzmaßnahmen gegen mögliche sexuelle Übergriffe von großer Bedeutung, um die Sicherheit und das Wohlbefinden der Bewohner:innen zu gewährleisten.

Gesundheitsgefahren wie Pandemien stellen ein weiteres erhebliches Risiko dar. Mangelnde Grundsauberkeit und die Unterbringung vieler Menschen auf engem Raum begünstigen das Risiko einer schnellen Ausbreitung von Krankheiten (z.B. Grippe oder Corona), die ggf. zu einer vollständigen Isolierung des Gebäudes führen kann. Dies ist insbesondere bei „Kinderkrankheiten" wie Mumps, Masern und Röteln für Ungeimpfte und Schwangere lebensbedrohlich. Eine Grundimmunisierung darf nicht vorausgesetzt werden. Deshalb müssen strenge Hygienevorschriften und Quarantänemaßnahmen eingeführt und überwacht werden. Gesundheitsuntersuchungen und Impfprogramme können ebenfalls dazu beitragen, das Risiko der Ausbreitung von Krankheiten zu minimieren.

Bei hohen Belegungszahlen und einer Vielzahl von Gemeinschafts-, Sanitär- und Küchenräumen stellt eine geringe Reinigungsfrequenz die Grundsauberkeit in Frage, sofern nicht über die Hausordnung Aufgaben an die Bewohner:innen verteilt und überwacht werden. Nicht zu vernachlässigen ist, dass bei mangelnder Grundsauberkeit Schädlinge auch in angrenzende Räume und Gebäude eindringen können.

Wenn keine separaten Toiletten für das anwesende Personal vorhanden sind, kann die mangelnde Reinigung und die daraus resultierende mögliche Gesundheitsgefährdung einen Verstoß gegen die Arbeitsschutzbestimmungen für das Personal des Dienstleisters darstellen.

5.4.6 Freihaltung von Flucht- und Rettungswegen

Die Kennzeichnung der Flucht- und Rettungswege ist von entscheidender Bedeutung, um im Notfall eine sichere und geordnete Evakuierung zu gewährleisten.

Regelmäßige Sicherheitsübungen und Schulungen der Bewohner:innen und des Personals tragen dazu bei, dass jeder weiß, wie er sich im Notfall zu verhalten hat.

Organisatorisch muss sichergestellt werden, dass die Flucht- und Rettungswege ständig freigehalten werden. Bewohner:innen, die Gegenstände in diesen Wegen abstellen und Fahrräder in den Fluren abschließen, sind auf das richtige Verhalten hinzuweisen. Das Entfernen und ggf. Entsorgen kann einerseits im Kontext der nachvollziehbaren Aspekte der Durchführung und Umsetzung des Brandschutzes verstanden werden, birgt aber auch rechtliche Risiken. So kann das Beschädigen eines Schlosses zum Entfernen des Fahrrades eine unerlaubte Handlung im Sinne des BGB, aber auch eine Sachbeschädigung im Sinne des Strafrechts darstellen. Beides kann zumindest zu Schadenersatzforderungen führen, aber auch die Stimmung in der Unterkunft massiv negativ beeinflussen.

5.4.7 Familiäre Probleme und sexualisierte Gewalt

Große Herausforderungen stellt die Früherkennung von familiären Problemen und häuslicher Gewalt dar. Ebenfalls kann das Thema Prostitution in Unterkünften relevant werden, wie ein Skandal aus 2017 und ein weiterer aus 2022 in Berlin zeigte[37]. Hilfsorganisationen berichteten öffentlich über Sicherheitsmitarbeitende die Provisionen für die Vermittlung in die Prostitution verlangten: „Wir haben unser Wissen von vier, fünf Geflüchteten. Entweder sie haben davon gehört oder sie waren beteiligt. In allen Fällen sind es Männer. Die einen sind von Sicherheitsleuten angesprochen worden, andere haben die Sicherheitsleute von sich aus angesprochen, weil sie sich schon vorher prostituiert haben. Für die Vermittlung haben sie dann Geld an die Security bezahlt.[38]"

Betroffene berichten an anderer Stelle davon, dass Deutsche und Geflüchtete gezielt in der Umgebung von Unterkünften auf die „Jagd" unter dem Deckmantel der Hilfsbereitschaft nach Frauen gingen[39].

---

[37] Unter anderem: https://taz.de/Fluechtlingshelferin-ueber-Prostitution/!5458164/, Stand: 03.12.2023, https://www.berliner-kurier.de/berlin/prostitution-bedrohung-erpressung-durch-security-kraefte-senat-verspricht-aufklaerung-li.300094, Stand: 18.01.2025
[38] https://taz.de/Fluechtlingshelferin-ueber-Prostitution/!5458164/, Stand: 18.01.2025
[39] https://neulandzeitung.com/prostitution-in-meiner-unterkunft-eine-zwischenwelt/, Stand: 03.12.2023

Insbesondere bei Gewalt gegen Dritte erscheint der ständige Zugriff auf Messer und andere gefährliche Küchengeräte als Risikoverstärker. Konzeptionell ist zwingend vorzubereiten, dass es auch zu Trennungen oder Scheidungen kommen kann und wie in diesen Situationen mit einem Hausverbot bzw. Umgangsverbot oder der bloßen räumlichen Trennung von den ehemaligen Ehepartnern umgegangen werden soll.

Ebenso ist zu regeln, wie mit Familien mit behinderten Kindern oder anderen besonderen Bedürfnissen umgegangen werden soll, die ggf. besondere Bedingungen erfordern.

5.4.8 Fake News und Stimmungsmache

In der heutigen Zeit können wir im Kontext Stimmungsmache gegen Geflüchtete die Risiken von politischem Druck, Einflussnahme von Drittstaaten und die Umsetzung von realen Straftaten ignorieren. Filippo Grandi, UN-Hochkommissar für Flüchtlinge, warnt vor einem vergifteten Klima und vor „ein[em] solche[n] Gift in der Sprache der Politik, in den Medien, in den sozialen Medien, sogar in alltäglichen Gesprächen, wie heute.[40]" Das Bundesministerium des Inneren und für Heimat hat sich „die Bedrohung durch ausländische Einflussnahme und Manipulation im Informationsraum[41]" auf die Agenda geschrieben und warnt explizit vor bestimmbaren Risiken: „Seit Beginn des russischen Angriffskrieges gegen die Ukraine ist eine deutliche Zunahme russischer Desinformation in Deutschland festzustellen. Die russische Regierung verfolgt das Ziel, die öffentliche Meinung in Deutschland zu beeinflussen, die Gesellschaft zu spalten und Deutschland zu schwächen. Dabei instrumentalisiert sie bewusst Sorgen der Bürgerinnen und Bürger.[42]" Das Risiko eines Stimmungswechsels ist nicht zu unterschätzen und kann nicht dadurch ausgeblendet, dass „aktuell" keine nennenswerten Ablehnungen gegen Geflüchtete im Umfeld der Unterkunft bekannt sind.

---

[40] https://www.uno-fluechtlingshilfe.de/informieren/faktencheck, **Stand: 08.12.2023**
[41] https://www.bmi.bund.de/SharedDocs/schwerpunkte/DE/desinformation/artikel-desinformation-hybride-bedrohung.html, **Stand: 08.12.2023**
[42] Ebd.

5.5 Technische Risiken

5.5.1 Überwachung Flucht- und Rettungswege sowie Rettungs- und Hilfsmittel

Vor dem Hintergrund der bereits angesprochenen mangelnden Rechtskenntnis stellen die eingesetzten technischen Schutzmaßnahmen zur Überwachung der Flucht- und Rettungswege in der Regel ein Risiko dar, da mit einem erhöhten personellen Aufwand für das Eingreifen und Zurücksetzen von widerrechtlich benutzten Fluchttüren gerechnet werden muss.

Hilfs- und Rettungsmittel (u.a. Feuerlöscher) können insbesondere bei Auseinandersetzungen und anderen (psychischen) Ausnahmesituationen missbräuchlich eingesetzt werden. Daraus ergeben sich im Wesentlichen zwei zentrale Risiken: Zum einen stehen diese Einrichtungen im tatsächlichen Gefahrenfall nicht zur Verfügung, was zu einer Gefährdung von Menschenleben führt (daher auch Straftatbestand). Zum anderen können durch eine missbräuchliche Nutzung, z.B. durch Sprenglöcher, hohe Schäden an der Anlage, Dekontaminationskosten (Reinigung) und Gesundheitsgefahren entstehen.

6.0 MAßNAHMEN

Die folgenden Maßnahmen sind Empfehlungen, die im Rahmen einer aktuellen Gefährdungsanalyse jeweils überprüft und angepasst werden müssen. Die Umsetzung dieser Maßnahmen und die Verantwortung für deren Wirksamkeit liegen beim Auftraggeber bzw. Betreiber der Unterkunft. Die Maßnahmen sind nach den Aspekten technische, organisatorische und personelle Maßnahmen gruppiert, wobei diese Sortierung keine Wertigkeit der Maßnahmen darstellt. Alle Hinweise sind immer ganzheitlich und im Zusammenspiel aller Aspekte zu betrachten.

Dennoch sind einige Anmerkungen voranzustellen. Die Umsetzung der folgenden Maßnahmen sollte nicht in einem betriebswirtschaftlichen Kontext bewertet werden. Bei der Bewältigung der Herausforderungen ist stets zu berücksichtigen, dass sich der deutsche Staat nicht nur durch die Genfer Flüchtlingskonvention, sondern auch durch das Grundgesetz zum Schutz von Flüchtlingen verpflichtet hat. Vor diesem Hintergrund haben verhältnismäßige Maßnahmen immer auch das Ziel, dieser ethischen, menschlichen und rechtlichen Verpflichtung gerecht zu werden.

6.1 Maßnahmen zur Reduzierung von psychologischen Folgen

In allen Leitfäden zur Minderung der Folgen psychischer Krisen wird auf ein sicheres Umfeld hingewiesen. Eine spannungsfreie und als sicher empfundene Umgebung ist für die Betroffenen eine große Hilfe. Eine solche sichere Unterkunft kann sich daher positiv auf den Genesungsprozess, aber auch auf ein friedliches Zusammenleben und Kennenlernen zwischen Flüchtlingen und der Bevölkerung auswirken. Die Stadt bzw. der Betreiber sollte daher im eigenen Interesse dafür sorgen, dass die Unterkunft von allen Beteiligten (auch den Anwohnern) in jeder Hinsicht als sicher wahrgenommen wird.

Dafür bedarf es spezielle Angebote, Therapien, ausreichend personelle Ressourcen und Umstände (z.B. keine Überfüllung von einzelnen Schlafräumlichkeiten), um Stress und damit Konflikte zu reduzieren. Wir können bereits heute sagen, werden diese Rahmenbedingungen nicht geschaffen, dann ist es unerheblich, ob nachfolgende Empfehlungen umgesetzt wurden. Kriminologische Studien belegen, dass Sauberkeit, Ordnung und verlässliche Strukturen maßgeblich auf das Sicherheitsgefühl positiv einwirken. Die in Abbildung 13 auf Seite 70 genannten Triggerfaktoren sollten vollständig ausgeschlossen werden. Dazu zählen ebenfalls die Suchtprävention und das Stärken von schwachen Persönlichkeiten durch professionelle Hilfe.

Die Förderung der interkulturellen Kompetenz aller bei gleichzeitiger Berücksichtigung kultureller Unterschiede (z.B. Trennung von Bewohner:innen mit Konfliktpotential) könnte zielführend sein. Dies kann jedoch nur gelingen, wenn die Bewohner:innen nicht sich selbst überlassen werden, sondern im Alltag begleitet werden. Ausreichende Sprach- und Bildungsangebote helfen den Menschen nachweislich, sich in einer fremden Gesellschaft zurechtzufinden, anzukommen und sich zu integrieren. Das Ankommen und ein Gefühl der Sicherheit könnten - neben anderen bereits beschriebenen Integrationsmaßnahmen - dadurch unterstützt werden, dass die Alltagsbegleiter von der Stadt mit mehrsprachigen Flyern und Hinweisen zu Ärzten, Ämtern, Supermärkten und anderen Einrichtungen des täglichen Bedarfs ausgestattet werden.

Der Betreiber sollte jedoch nicht überwiegend auf ehrenamtliches Engagement (auch bei Sprachkursen) setzen, sondern die hauptamtlichen Angebote ausbauen, um nicht in ein Abhängigkeitsverhältnis zu geraten. Dass dieses Abhängigkeitsverhältnis im Rahmen der Verwaltungskrise seit 2015 bundesweit besteht, ist unstrittig. Genauso wie die Tatsache, dass sich Ehrenamtliche zunehmend aus der Flüchtlingsarbeit zurückziehen. Die Erfahrungsberichte und Kritiken dazu sind eindeutig: „Die Politik hat sich in manchen Teilen darauf verlassen, dass die Ehrenamtlichen schon den Großteil der Integrationsarbeit vor Ort leisten werden. Wer sich aber in Sicherheit wiegt, dass die vielen Ehrenamtlichen einen super Job machen, sieht nicht, dass immer mehr ausgebrannt sind.[43]"

Eine Grundversorgung für alle Lebenslagen sollte 24 Stunden am Tag, 7 Tage die Woche und 365 Tage im Jahr vor Ort verfügbar sein. Menschen, die an einem Freitagabend eine traumatische Krise durchleben oder gerade erfahren haben, dass Familienangehörige in Kriegsgebieten ums Leben gekommen sind, können nicht bis zum Montag zu Bürozeiten auf Hilfe warten. Auch hier gilt der Grundsatz: Fehlende Ressourcen können aus einer lösbaren Situation ein Problem machen, das die ganze Einrichtung betrifft.

---

[43] https://www.sueddeutsche.de/muenchen/starnberg/fluechtlingspolitik-starnberg-1.5468166, Stand: 13.12.2023

Alle eingesetzten Mitarbeitende sollten für Veränderungen der Bewohner:innen und Handlungsmöglichkeiten sensibilisiert werden. Dabei ist die Psychohygiene der beteiligten und eingesetzten Kräfte durch ein etabliertes Konzept zu stärken. Frühzeitig erkannten Wesensveränderungen von Bewohner:innen muss durch standardisierte Prozesse (strategisches Vorgehen zur Zusammenarbeit aller notwendigen Ressourcen und Behörden) begegnet werden.

Zusammenfassend kann gesagt werden:

- Auslöser erkennen und vermeiden,
- Belegungsplanung unter Berücksichtigung politischer, religiöser und anderer Spannungsfelder organisieren und
- Sicherheit, Erreichbarkeit und Unterstützung gewährleisten und erfolgreich umsetzen.

6.2 Bauliche Maßnahmen

Für alle nachfolgenden baulichen Maßnahmen gelten die folgenden Anforderungen aus den Mindeststandards der Bundesregierung: „Mindeststandards für bauliche Schutzmaßnahmen in Unterkünften sind für die Sicherheit von allen Bewohner:innen unverzichtbar, vor allem von besonders schutzbedürftigen Personengruppen. Sie müssen durch vertragliche Vorgaben und Kontrollen garantiert werden. Diese Mindeststandards reichen von der Gestaltung des Wohnumfeldes (z. B. Beleuchtung, Wegeführung, Umfriedung) über Gebäudeeingangstüren, abschließbare und sichere Wohneinheiten (z. B. Türen, Fenster), Hausalarm mit Notknöpfen und beleuchteten Fluren bis hin zum Bau geschlechtergetrennter, abschließbarer, gut beleuchteter Toiletten und Duschen (auch in der Wegeführung dorthin), die sich innerhalb der Unterkunft befinden sollten.[44]"

---

[44] https://www.bmfsfj.de/resource/blob/117472/bc24218511eaa3327fda2f2e8890bb79/mindeststandards-zum-schutz-von-gefluechteten-menschen-in-fluechtlingsunterkuenften-data.pdf, S.30, Stand: 09.12.2023

6.2.1 Raum für den Sicherheitsdienst

Der Raum für den Sicherheitsdienst muss folgende Anforderungen erfüllen:

- Ausreichend Platz für mindestens zwei Sicherheitskräfte
- Fensterfront zum Eingangsbereich (Erfüllung der Anforderung Sicht nach außen)
- Fensterfront zum Besucherverkehr (Erfüllung der Anforderung Blick nach innen)
- von innen abschließbare Tür zum Flur
- Türdrücker von außen und Klingel
- Aufschaltung aller technischen Alarme auf eine zentrale Schalteinrichtung (wird später noch konkretisiert)
- PC-Arbeitsplatz zur Dokumentation des Dienstbetriebes sowie zur Anwesenheitskontrolle (im Evakuierungsfall) und zum Abgleich von Personen, Zutrittskarten und Bewohner:innen
- Ausreichend großer Bildschirm für die Videoüberwachung, falls eine solche installiert werden soll
- ausreichend abschließbare Schränke für Dokumente und Akten.

Das Büro des Sicherheitsdienstes stellt grundsätzlich einen Sicherheitsbereich dar, der von Unbefugten nicht betreten werden darf. Aufgrund der besonderen Situation muss unter Berücksichtigung des Datenschutzes der Zugriff und die Einsichtnahme auf sensible Daten verhindert werden. Organisatorisch muss ausgeschlossen werden, dass sich Personen in diesem Bereich aufhalten, weil sie z.B. auf ihren Termin bei der Verwaltung warten. Ein Betreten dieses Bereiches ist daher nur in Begleitung und nach Aufforderung durch den Sicherheitsdienst zulässig.

6.2.2 Raum für den Sozialdienst

Der Raum für den Sozialdienst sollte folgende Anforderungen erfüllen:

- Platz für mindestens zwei Sozialarbeiter (Eigensicherung)
- beidseitig zu öffnende Tür und
- Alarmierung des Sicherheitsdienstes durch technische oder optische Mittel.

Grundsätzlich sollte baulich darauf geachtet werden, dass alle Räume über einen separaten Zugang verfügen. Fluchtwege, die durch möglicherweise ungesicherte

Büroräume führen, in denen sich gerade ein Sicherheitsvorfall ereignet, können für die sich dort aufhaltenden Personen zur Falle werden. Die Räume sind nach einem Eigensicherungskonzept auszustatten, das somit eine schnelle Fluchtmöglichkeit aus dem Raum, aber auch einen vermeidbaren Zugriff auf waffenähnliche Gegenstände (z.B. Scheren, Brieföffner) ausschließt. Bereits bestehende Konzepte aus den Bürgerservicebereichen der Stadt können hier direkt angewendet werden.

6.2.3 Erhöhung der Privatsphäre

Zur Vermeidung von Straftaten in den Unterkünften ist es notwendig, die Privatsphäre zu erhöhen und eine klare Abgrenzung zum Außenbereich zu schaffen. Vor allem in den Sommermonaten werden die Bewohner:innen die Außenbereiche der Unterkunft und der Stadt nutzen. Eine Durchmischung fördert die Integration und die Gemeinschaft, dennoch sollten auch Privatsphäre und abgegrenzte Bereiche zur Verfügung stehen. Die Neugier der Anwohner könnte durch einen Zaun, vor allem im Bereich zwischen öffentlichem Raum und Unterkunft, eingedämmt werden, der einerseits einen „Vorgarten" für die Unterkunft schafft, der eindeutig den Bewohner:innen vorbehalten ist und ungestörten Raum bietet. Gleichzeitig kann er dazu beitragen, dass durch die Schaffung einer Wohlfühlzone der Aufenthalt bzw. das „Herumlungern" im öffentlichen Raum reduziert wird. Ergänzend hilft er den Sicherheitskräften, den Bereich des Hausrechts klar zu visualisieren und dort auf Basis einer Hausordnung auch auszuüben. Die Durchsetzung des Hausrechts außerhalb des eigentlichen Hausrechtsbereiches stellt einen komplexen rechtlichen Vorgang dar und würde weitere Probleme, wie z.B. die Erhöhung der Personalstärke, mit sich bringen. In diesem Fall ist jedoch nochmals anhand des Brandschutzkonzeptes und der brandschutzrechtlichen Anforderungen zu prüfen, ob der angedachte eingezäunte Bereich nicht die Aufstellfläche der Feuerwehr darstellt.

Wie bereits erwähnt, sind verschiedene Maßnahmen zum Schutz der Privatsphäre, wie z.B. Vorhänge im Innenbereich (erhöhen die Brandlast in einem kleinen Raum mit vielen Personen) und außenliegende Jalousien (können zu höheren technischen Reparaturkosten führen) gegeneinander abzuwägen.

6.2.4 Belegung der Zimmer

Bei der Belegung der Zimmer verweise ich an dieser Stelle zunächst auf die Maßnahmen aus Kapitel „5.2 Psychologische Risiken" auf den Seiten 66 ff., woraus sich aus der Zuordnung und der Belegungszahl maßgebliche bauliche Maßnahmen ergeben, die jedoch individuell baulich zu belegen sind. Dennoch sind hier weitere Maßnahmen zu beachten:

- Durch die bauliche Gestaltung des Zimmers und die Anordnung der Schränke und Betten soll eine größtmögliche Privatsphäre erreicht werden.
- Die Gegenstände im Zimmer sollten, wenn möglich, fest mit dem Boden verankert sein, so dass eine Veränderung der Raumaufteilung nicht möglich ist.
- Die Schränke müssen einen hohen Sicherheitsstandard aufweisen, damit die Bewohner:innen sich trauen, ihre (ggf. einzigen) Habseligkeiten darin aufzubewahren. Klassische Schließfächer sollten wegen der geringen Aufbruchsicherheit vermieden werden.
- Das Betreten des Zimmers sollte nur mit einem Zutrittsmedium möglich sein. Das bedeutet, dass jede Zimmertür über einen Türschließer verfügt, so dass die Tür immer geschlossen ist.
- Bauliche und schalltechnische Trennung von Personen mit Kleinkindern und Schichtarbeitern.

6.2.5 Aufbewahrung von Lebensmitteln (Küche)

Für jede Familie muss eine Möglichkeit geschaffen werden, ihre Lebensmittel sauber, gekühlt und vor dem Zugriff Dritter geschützt aufzubewahren. Dies verhindert die Einschleppung von Lebensmitteln, Bakterien und anderen Schädlingen durch unsachgemäße Lagerung im Wohnbereich aus Angst vor Diebstahl.

6.2.6 Sanitärräume

Auch wenn dies ein Standard auf der Grundlage unseres Grundgesetzes sein sollte, möchte ich an dieser Stelle auf wesentliche Grundaspekte hinweisen, die für Sanitärräume gelten müssen:

- Sanitärräume sind der intimste Ort in einer Gemeinschaftsunterkunft, der höchste persönliche Sicherheit erfordert. Es müssen daher alle Maßnahmen ergriffen werden, damit diese nicht von Dritten oder nicht dem Geschlecht zugeordneten Personen genutzt werden können. Dies kann z.B. durch ein Zugangskontrollsystem mit personalisierten Zugangskarten erreicht werden.
- Die Räume sind so zu gestalten, dass sie von außen nicht einsehbar sind und nur durch Fenster oder Türen betreten werden können.

- „In gemischt geschlechtlichen Gemeinschaftsunterkünften muss es ausreichend sanitäre Anlagen geben, alle strikt nach Geschlechtern getrennt (d.h. Toiletten, Wasch- und Duschräume für Männer und Frauen getrennt). Toiletten und Duschen müssen abschließbar sein. Sammelduschen müssen vermieden werden.
- Um zu den sanitären Anlagen gelangen zu können, sollten Frauen keine engen Gänge und lange, schlecht beleuchtete bzw. dunkle Flure passieren müssen.[45]"
- Ebenfalls ist zu klären bzw. durch ein Konzept zu organisieren, wie mit Transpersonen umgegangen wird.
- Weitere Maßnahmen und Hinweise zur Hygiene sowie zur Nutzung der Sanitärräume finden Sie im Abschnitt organisatorische Maßnahmen im Kapitel „6.3.8 Reinigung" ab Seite 101 ff.

6.2.7 Beleuchtung der Umgebung

Um das Sicherheitsgefühl von Besuchern, Bewohner:innen und Gästen zu erhöhen, sei an dieser Stelle nochmals auf das CPTED-Konzept verwiesen. Die Wissenschaft und ich empfehlen, zentrale Wege und Einrichtungen mit einem Lichtkonzept so auszuleuchten, dass sich keine Rückzugsräume bilden können und gleichzeitig das Sicherheitsgefühl aller gestärkt wird.

Büsche und Sträucher sollten regelmäßig zurückgeschnitten und Verschmutzungen durch regelmäßige Reinigung frühzeitig entgegengewirkt werden. Diese Maßnahmen sollten nicht nur im Umfeld, sondern auch direkt an und in der Unterkunft durchgeführt werden. Dies fließt in ein zu erstellendes Gewaltschutzkonzept ein: „Darüber hinaus sollte für eine ausreichende Beleuchtung in den Außen- und Innenbereichen gesorgt werden. Es empfiehlt sich eine Dauerbeleuchtung bei Dunkelheit in Gemeinschaftsräumen und auf Gemeinschaftsfluren.[46]"

---

[45] Land Brandenburg: GEWALTSCHUTZ FÜR FRAUEN in Flüchtlingsunterkünften, S. 12, abrufbar über: https://www.gewaltschutz-gu.de/fileadmin/user_upload/PDFs__Publikationen_/Brandenburg_GewaltschutzfrFrauen.pdf, Stand: 11.12.2023
[46] Land Brandenburg: GEWALTSCHUTZ FÜR FRAUEN in Flüchtlingsunterkünften, S. 12, abrufbar über: https://www.gewaltschutz-gu.de/fileadmin/user_upload/PDFs__Publikationen_/Brandenburg_GewaltschutzfrFrauen.pdf, Stand: 11.12.2023

Getreu dem kriminologischen Grundsatz: Wo Unordnung herrscht, kann keine Sicherheit herrschen, muss auch gewährleistet sein, dass Graffiti oder andere Sachbeschädigungen umgehend beseitigt werden. Ein Vorrat an Farbe, Gehwegplatten, Ersatzbänken und anderen Baumaterialien sollte angelegt werden, um langwierige Beschaffungsprozesse zu vermeiden.

6.3 Organisatorische Maßnahmen

In der heutigen Zeit stehen Flüchtlingsunterkünfte vor der Herausforderung, ein sicheres und geschütztes Umfeld für Menschen zu schaffen, die oft aus Krisengebieten geflohen sind. Organisatorische Sicherheitsmaßnahmen sind dabei von entscheidender Bedeutung, um die Sicherheit und das Wohlbefinden der Bewohner:innen zu gewährleisten. Diese Maßnahmen umfassen eine Vielzahl von Strategien und Verfahren, die darauf abzielen, Risiken zu minimieren und ein harmonisches Zusammenleben zu fördern. Dazu gehören unter anderem die klare Definition von Verantwortlichkeiten, die Schulung des Personals in Bezug auf Sicherheitsprotokolle, die Implementierung von Notfallplänen sowie die Förderung eines respektvollen und unterstützenden Miteinanders.

Ein effektives Management von Sicherheitsrisiken in Flüchtlingsunterkünften erfordert nicht nur technische Lösungen, sondern auch eine sorgfältige Organisation und Planung. Die Einbindung der Bewohner:innen in den Sicherheitsprozess ist von großer Bedeutung, um ein gemeinsames Bewusstsein für Gefahren zu schaffen und präventive Maßnahmen zu fördern. In diesem Kapitel werden wir die verschiedenen Aspekte organisatorischer Sicherheitsmaßnahmen in Flüchtlingsunterkünften näher beleuchten, ihre Bedeutung für den Schutz der Bewohner:innen herausstellen und praxisnahe Ansätze zur Umsetzung vorstellen. Ziel ist es, ein tiefes Verständnis für die Notwendigkeit und die Vorteile dieser Maßnahmen zu entwickeln, um die Sicherheit und das Wohlbefinden aller in den Unterkünften lebenden Menschen nachhaltig zu verbessern.

6.3.1 Kinderfreundliche Orte

Sollte diese Unterkunft ausschließlich für Familien genutzt werden, ergeben sich organisatorische Anforderungen an die Unterbringung von Kindern. Das Bundesministerium für Familie, Senioren, Frauen und Jugend stellt in diesem Kontext folgende Anforderungen auf: „Für Kinder und Familien stellt es eine besondere Herausforderung dar, den Familienalltag, die damit zusammenhängenden Abläufe und die sehr unterschiedlichen situations- und altersspezifischen Bedürfnisse im Rahmen der Unterbringung in Unterkünften zu meistern. Daher bedarf es eines Bewusstseins und einer Sensibilität für den besonderen Unterstützungsbedarf von Familien. Dies zeigt sich unter anderem in einer aktiven Förderung kinderfreundlicher Orte und von Angeboten für verschiedene Alters- und Personengruppen innerhalb der Familien.[47]" Dies verlangt ein Konzept und „eine integrierte Raumplanung und -gestaltung unter Einbeziehung von strukturierten Spiel- und Lernangeboten, Erholung, Bildung und psychosozialer Unterstützung für Kinder.[48]" Daher müssen sich bei Neubauten von Beginn an Rückschlüsse auf ein solches Konzept ziehen lassen. Zu überlegen und zu prognostizieren sind die Bedarfe an Kindergarten- und Schulplätze, um hier frühzeitig Personale zu rekrutieren und Neiddiskussionen in der Bevölkerung zu vermeiden. Auch nach den „Mindeststandards zum Schutz von geflüchteten Menschen in Flüchtlingsunterkünften" sollte in einer partizipativen Zusammenarbeit aus Dienstleistern, Bewohner:innen und Vertretern der relevanten Arbeitsbereiche eine entsprechende und wiederkehrende Risikoanalyse durchführen[49].

6.3.2 Personalschlüssel für Kinderbetreuung

Beginnend mit der Umsetzung der Anforderungen aus Kapitel „6.3.1 Kinderfreundliche Orte", ergibt sich der erste Personalschlüssel: „Das Verhältnis von Betreuungspersonal und Kindern sollte sich am gesetzlich festgelegten Kita-Betreuungsschlüssel orientieren. Das eingesetzte Personal (einschließlich der Ehrenamtlichen) sollte über entsprechende (sozial-)pädagogische Qualifikationen und Kenntnisse in den Bereichen Kinderschutz, psychologische Ersthilfe und kindliche Entwicklung

---

[47] https://www.bmfsfj.de/resource/blob/117472/bc24218511eaa3327fda2f2e8890bb79/mindeststandards-zum-schutz-von-gefluechteten-menschen-in-fluechtlingsunterkuenften-data.pdf, S. 32 ff., Stand: 08.12.2023
[48] Ebd., S. 32
[49] https://www.bmfsfj.de/resource/blob/117472/bc24218511eaa3327fda2f2e8890bb79/mindeststandards-zum-schutz-von-gefluechteten-menschen-in-fluechtlingsunterkuenften-data.pdf, S. 14, Stand: 08.12.2023

verfügen.[50]" Derzeit liegt dieser in Baden-Württemberg bei einem Betreuer für 2,9 Kinder[51], in Brandenburg bei 1:10[52] und in Berlin bei 1:4,75 Kinder[53].

6.3.3 Personalschlüssel Sozialdienst

Ausführungen zum Personalschlüssel des Sozialdienstes, zum Beispiel die der Alice Salomon Hochschule Berlin, fordern eine deutliche Konkretisierung: „Um ein angemessenes Beratungs- und Betreuungsangebot gewährleisten zu können, kann für die fachliche Soziale Arbeit mit geflüchteten Erwachsenen ein Personalschlüssel von 1:50, in der Unterstützung besonders schutzbedürftiger Personen von 1:20 sowie in der Begleitung von Kindern von 1:10 als Mindeststandard gelten.[54]" Dabei verweist das Papier auf die EU-Aufnahmerichtlinie 2013/33 und dabei auf andere Berechnungen: „Auch wenn es bislang keinen verbindlichen Stellenschlüssel gibt, können doch Stellenschlüssel aus anderen Bereichen der Sozialen Arbeit Anhaltspunkte geben: Bei besonders schutzbedürftigen Personen (im Bereich der Garantenstellung des Allgemeinen Sozialen Dienstes bzw. in Einrichtungen für Personen mit Behinderungen, für unbegleitete Minderjährige, in Frauenhäusern) gelten Stellenschlüssel von 1:28, 1:6, 1:8, 1:12 und im Einzelfall 1:1 als sinnvoll [...].[55]"

In der Recherche zu diesem Buch konnten keine gesetzlich definierten Personalschlüssel für den Einsatz von Sozialarbeitern gefunden werden. Die Liga der freien Wohlfahrtspflege in Baden-Württemberg e.V. empfiehlt jedoch in dem Positionspapier „Neuaufstellung der Flüchtlingssozialarbeit in Baden-Württemberg" einen

---

[50] https://www.bmfsfj.de/re-source/blob/117472/bc24218511eaa3327fda2f2e8890bb79/mindeststandards-zum-schutz-von-gefluechteten-menschen-in-fluechtlingsunterkuenften-data.pdf, S. 32, Stand: 08.12.2023

[51] https://www.baden-wuerttemberg.de/de/service/alle-meldungen/meldung/pid/sued-westen-an-der-spitze-bei-der-kita-qualitaet, Stand: 08.12.2023

[52] https://mbjs.brandenburg.de/aktuelles/pressemitteilungen.html?news=branden-burg_06.c.827299.de#:~:text=Seit%20dem%201.,1%3A%2C65%20verbessert., Stand: 18.01.2025

[53] https://www.berlin.de/sen/bjf/service/presse/pressearchiv-2019/pressemittei-lung.833535.php, Stand: 18.01.2025

[54] https://www.fluechtlingssozialarbeit.de/Positionspapier_Soziale_Ar-beit_mit_Gefl%C3%BCchteten.pdf, S. 7 f., Stand: 08.12.2023

[55] Ebd., S. 8

maximalen Schlüssel von 1:80 für die durchgehende Anwendung[56]. Diese sollten jedoch durch Alltagsbetreuer unterstützt werden, die folgende Anforderungen mit sich bringen sollten:

- Mehrsprachigkeit, vor allem einschlägige Dialekte
- Soziale Ausbildung
- Gewollte Zusammenarbeit mit allen Beteiligten
- Kein verfestigtes Weltbild von Gut & Böse
- Mental stabil
- empathisch

6.3.4 Personalschlüssel Sicherheitsdienst

Auch für den klassischen Sicherheitsdienst in einer Unterkunft existieren keine gesetzlichen Anforderungen. Das Bundesministerium für Familie, Senioren, Frauen und Jugend schreibt hierzu: „Bei dem für die Unterkunft zuständigen Sicherheitsdienst sollte durch eine entsprechende Anzahl weiblicher Mitarbeiterinnen sichergestellt sein, dass zu jeder Zeit mindestens eine weibliche Mitarbeiterin in der Unterkunft im Dienst ist. Insgesamt sollen geflüchtete Menschen, Menschen mit Einwanderungsgeschichte, Frauen, Menschen mit Behinderungen und LSBTIQ Personen zu einer Bewerbung ermutigt werden.[57]" Die Alice Salomon Hochschule Berlin ergänzt allgemein: „Für nicht-sozialarbeiterische Tätigkeiten, wie z.B. Verwaltung, Schutz, Hausmeisterei, Reinigung etc., sollte zudem ausreichend Personal vorhanden sein.[58]"

Maßstab für den Personaleinsatz werden hier einerseits die gesetzlichen Vorgaben zur Durchführung einer Gefährdungsbeurteilung gemäß Arbeitsschutzgesetz i.V.m. DGUV-Vorschrift 23 durch den Dienstleister und andererseits die Frage nach dem Arbeitsaufwand sein. Hier empfehle ich grundsätzlich zunächst mit einem hohen

---

[56] https://www.ekiba.de/media/download/variant/332979/liga-freie-wohlfahrtspflege-neuaufstellung-fluechtlingssozialarbeit_1.pdf, S. 6, Stand: 08.12.2023
[57] https://www.bmfsfj.de/resource/blob/117472/bc24218511eaa3327fda2f2e8890bb79/mindeststandards-zum-schutz-von-gefluechteten-menschen-in-fluechtlingsunterkuenften-data.pdf, S. 18, Stand: 08.12.2023
[58] https://www.fluechtlingssozialarbeit.de/Positionspapier_Soziale_Arbeit_mit_Gefl%C3%BCchteten.pdf, S. 7, Stand: 08.12.2023

Personalschlüssel zu beginnen und dann durch regelmäßige Evaluierungen zu prüfen, ob dieser noch ausreichend ist.

Grundsätzlich sollte jedoch die Schicht durchgängig mit mindestens zwei Sicherheitsmitarbeitern besetzt sein. Dies ergibt sich aus:

- der plausiblen Forderung der geschlechtlichen Diversität (1 Mann und 1 Frau),
- den Empfehlungen der Berufsgenossenschaft zu Alleinarbeitsplätzen mit erhöhter Unfallgefahr (Kapitel „4.3 Spannungslage innerhalb von Flüchtlingsunterkünften"),
- der Vorgabe aus den Risiken zur ständigen Besetzung des Sicherheitsdienstraums (Kapitel „6.2.1 Raum für den Sicherheitsdienst" und Kapitel „6.2.2 Raum für den Sozialdienst") und

dem Arbeitsaufwand, der nachfolgend ausgeführt wird.

Der Arbeitsaufwand wird maßgeblich in der Intervention von ausgelösten Flucht- und Rettungswegalarmen und in der Kontrolle der Flure und Aufenthaltsräume zu sehen sein. Während der Bestreifungen sollte für Bewohner:innen, Sozialarbeiter, Hilfs- und Rettungskräfte ein ständiger Ansprechpartner im Büro anwesend sein.

Die Berufsgenossenschaft VBG empfiehlt für die Eigensicherung darüber hinaus:

- „Beschäftigte nach Eignung auswählen und einsetzen, ggf. zusätzlich qualifizieren
- Beschäftigte im Team einsetzen, damit sie sich gegenseitig sichern können
- Mitarbeitende in Deeskalationstechniken trainieren (geeignete VBG-Seminare sind: „Training im Umgang mit Konflikten" (TUK B) oder „Eingriffs- und Sicherungstechniken" (EST B))
- Alleinarbeitenden Beschäftigten eine Personennotsignalanlage zur Verfügung stellen
- Den Einsatz von Bodycams prüfen
- Stichschutzwesten zur Verfügung stellen

- Den Einsatz von Diensthunden prüfen[59]"

Dass der Einsatz von Kommunikationstechnik für eine durchgängige Erreichbarkeit der Einsatzkräfte untereinander geplant wird, erachte ich an dieser Stelle für selbstverständlich.

6.3.5 Barrierefreie Sicherheit

Wir vergessen oftmals, dass es nicht DEN einen, gesunden Menschen gibt, auf den alle Sicherheitsmaßnahmen anwendbar sind. Laut § 4 des Sozialgesetzbuches (SGB IX) bedeutet Barrierefreiheit:

"Barrierefrei sind bauliche und sonstige Anlagen, Verkehrsmittel, technische Gebrauchsgegenstände, Systeme der Informationsverarbeitung, akustische und visuelle Informationsquellen und Kommunikationseinrichtungen sowie andere gestaltete Lebensbereiche, wenn sie für Menschen mit Behinderungen in der allgemein üblichen Weise, ohne besondere Erschwernis und grundsätzlich ohne fremde Hilfe zugänglich und nutzbar sind."

Diese Definition unterstreicht den Anspruch, dass sich Barrierefreiheit nicht nur auf bauliche Aspekte beschränkt, sondern sich auch auf die digitale und kommunikative Welt erstreckt. Die zu treffenden Maßnahmen gehen also über die Rollstuhlrampe und das Behinderten-WC hinaus.

Wir müssen uns also überlegen, inwieweit z.B. Zugangskontrollen, die Erkennbarkeit von Sicherheitspersonal, die Alarmierungsmöglichkeit im Brandfall für Gehörlose und die Evakuierung für Blinde barrierefrei gestaltet werden können. Die Umsetzung von Barrierefreiheit im Kontext von Sicherheitsmaßnahmen erfordert besondere Sorgfalt, um sicherzustellen, dass alle Menschen - unabhängig von körperlichen, sensorischen oder kognitiven Einschränkungen - geschützt sind und im Notfall sicher handeln können. Dabei sind folgende Punkte zu berücksichtigen:

---

[59] https://www.vbg-securityreport.de/einsatzbereiche, Stand: 08.12.2023

1. Evakuierungskonzepte

- Barrierefreie Rettungswege:
  - Rettungswege müssen rollstuhlgerecht und ohne Hindernisse zugänglich sein.
  - Türen auf Rettungswegen sollten leicht bedienbar sein (z. B. automatische Türen oder solche mit geringer Öffnungskraft).
- Sichere Bereiche für Personen mit Mobilitätseinschränkungen:
  - Bereitstellung von "Rettungsassistenzbereichen", in denen betroffene Personen sicher auf Hilfe warten können (z. B. feuerresistente Räume oder Nischen an Fluchtwegen).
- Treppenlifte und Evakuierungshilfen:
  - Für Menschen, die keine Treppen nutzen können, sollten Evakuierungsstühle oder spezielle Liftsysteme bereitstehen.

2. Sichtbarkeit und Orientierung

- Taktile Leitlinien und Markierungen:
  - Installieren von Bodenleitsystemen, die auch in Flucht- und Rettungswegen Orientierung bieten.
  - Verwendung von kontrastreichen Markierungen und taktilen Symbolen, insbesondere bei Treppen, Türen oder Gefahrenstellen.
- Flucht- und Rettungspläne:
  - Visuell barrierefreie Pläne mit gut lesbarer Schrift, hohen Kontrasten und klaren Symbolen.
  - Bereitstellung von taktilen und Braille-Plänen für blinde und sehbehinderte Personen.

3. Akustische und visuelle Signale

- Alarmierungssysteme:
  - Kombinierte Alarmierung mit optischen (z. B. Blitzlichter) und akustischen Signalen.
  - Berücksichtigung von Menschen mit Hörbehinderungen (z. B. durch vibrierende oder textbasierte Warnsysteme wie Apps oder Pager).
- Eindeutige Beschilderung:

- o Flucht- und Rettungszeichen müssen kontrastreich und in leicht verständlicher Sprache gestaltet sein.
- o Verwendung internationaler Symbole und Piktogramme.

4. Schulung und Sensibilisierung

- Einbindung von Sicherheitskräften:
  - o Mitarbeitende im Bereich Brandschutz und Sicherheit sollten in barrierefreien Rettungskonzepten geschult werden.
  - o Übungen müssen barrierefreie Maßnahmen umfassen, um sicherzustellen, dass sie in der Praxis funktionieren.
- Einbeziehung Betroffener:
  - o Menschen mit Behinderungen sollten in die Planung und Prüfung der Sicherheitsmaßnahmen einbezogen werden, um praktische Herausforderungen zu identifizieren.

5. Technologie und Kommunikation

- Assistive Technologien:
  - o Notrufsysteme, die leicht zugänglich und verständlich sind (z. B. mit großen Tasten oder Sprachsteuerung).
  - o Apps oder digitale Systeme zur Unterstützung von Notfallkommunikation, angepasst an verschiedene Bedürfnisse.
- Einfache Sprache:
  - o Sicherheitsanweisungen und Notfallinformationen müssen in einfacher und klarer Sprache verfügbar sein, um Menschen mit kognitiven Einschränkungen zu helfen.

6. Normen und Vorschriften

- Einhaltung relevanter Normen:
  - o DIN 18040 (Barrierefreies Bauen) und DIN 33408 (Anforderungen an barrierefreie Informationsbereitstellung).
  - o Berücksichtigung von Vorschriften wie der Arbeitsstättenverordnung (ArbStättV) und internationalen Standards wie der UN-Behindertenrechtskonvention.

Barrierefreie Sicherheitsmaßnahmen bedeuten, dass im Notfall alle Personen sicher evakuiert und informiert werden können. Dies erfordert eine Kombination aus baulichen Anpassungen, technischer Unterstützung, klarer Kommunikation und Schulung. Der Schwerpunkt liegt auf der Beseitigung von Hindernissen und der Gewährleistung eines universellen Zugangs zu allen Aspekten der Sicherheit.

6.3.6 Behördliche Schutzmaßnahmen durch Kontrollen

Wie in anderen Unterkünften bereits umgesetzt[60], sollten Kontrollmaßnahmen zum Schutz vor „politisch oder pädophil Vorbestrafte[61]" etabliert werden. Alle haupt- und ehrenamtlichen Mitarbeitende müssen in regelmäßigen Abständen ein erweitertes Führungszeugnis vorlegen. Mitarbeitende von Dienstleistern sind grundsätzlich vom Auftraggeber einzeln freizugeben, Subunternehmer sind grundsätzlich für alle Gewerke auszuschließen. Als Sicherheitsdienste sollten nur Unternehmen eingesetzt werden, die über eine entsprechende Eintragung im Bewacherregister verfügen. Die eingesetzten Mitarbeitende sollten regelmäßig durch das zuständige Gewerbeaufsichtsamt überprüft werden.: „Die von Auftraggebern vorgesehene Eigenerklärung über relevante Vorstrafen reicht keinesfalls aus. Vielmehr sind eine Überprüfung durch die Behörden, regelmäßige weitere Kontrollen sowie eine entsprechende Rückinformation an den Sicherheitsdienstleister erforderlich.[62]"

Diese Kontrollen ersetzen zudem nicht die Pflicht des Auftraggebers die Dienstleistung anhand der Leistungsbeschreibung, den ISO 9001- und DIN 77200-Zertifizierungen[63] sowie dem Dienstleistungsvertrag in regelmäßigen Abständen zu auditieren. Dazu zählt auch, die monatlich zur Verfügung gestellten Nachweise zu prüfen.

6.3.7 Fake News und Stimmungsmache

Ein wesentliches Element im Umgang mit Fake News und Stimmungsmache ist die Früherkennung von Stimmungen und ein Kommunikationskonzept, um damit

---

[60] Sicherheitskonzept für Flüchtlingsunterkünfte, abrufbar über: https://www.hallo-herne.de/artikel/sicherheitskonzept-fr-flchtlingsunterknfte-13070, Stand: 11.12.2023
[61] Ebd.
[62] Leitfaden des BDSW zum Schutz von Flüchtlingseinrichtungen oder -unterkünften für öffentliche Auftraggeber, S. 5, abrufbar über: https://www.bdsw.de/images/broschue-ren/Leitfaden_Fluechtlingsunterkuenfte_2021.pdf, Stand: 11.12.2023
[63] Dabei ist auf die Gültigkeit sowie einen DAkkS-akkreditierten Zertifizierer besonders zu achten.

umzugehen. Dafür braucht es aber einen fruchtbaren Boden, der nur entstehen kann, wenn von Anfang an offen und transparent kommuniziert wird. Dies ist notwendig, damit Zweifel und falsche „Fakten" nicht Fuß fassen können. Um dem präventiv und repressiv begegnen zu können, sind folgende Maßnahmen zu berücksichtigen:

1. Prävention durch proaktive Kommunikation

- Transparente Informationen bereitstellen:
  - o Informieren Sie die Bevölkerung regelmäßig über die Situation im Flüchtlingsheim, z. B. durch Pressemitteilungen, Infoveranstaltungen oder soziale Medien.
  - o Bereitstellung einer offiziellen Website oder Plattform mit aktuellen und überprüfbaren Informationen.
- Vertrauensvolle Beziehungen aufbauen:
  - o Arbeiten Sie mit lokalen Medien, Gemeinden und NGOs zusammen, um sachliche Informationen zu verbreiten.
    - o Organisieren Sie Besuche oder Begegnungstage im Flüchtlingsheim, um direkte Erfahrungen zu fördern und Vorurteile abzubauen.

2. Aufklärung über Fake News

- Medienkompetenz fördern:
  - o Veranstalten Sie Workshops oder Infoabende in der Gemeinde, um auf die Gefahren von Fake News hinzuweisen und zu zeigen, wie diese erkannt werden können.
  - o Stellen Sie Leitfäden bereit, z. B. Checklisten, um Nachrichtenquellen zu prüfen.
- Faktenchecks integrieren:
  - o Verweisen Sie auf zuverlässige Plattformen wie Correctiv, die sich auf die Überprüfung von Fake News spezialisiert haben.
  - o Nutzen Sie Social-Media-Kanäle, um schnell auf falsche Behauptungen mit Faktenchecks zu reagieren.

3. Schnelle Reaktion auf Fake News

- Fake News direkt adressieren:
    - Identifizieren Sie die Falschinformation und stellen Sie eine klar formulierte Gegendarstellung bereit. Seien Sie sachlich, emotional neutral und belegen Sie Ihre Aussagen mit Fakten.
    - Nutzen Sie die gleichen Kanäle, über die die Fake News verbreitet wurden, um eine breite Zielgruppe zu erreichen.
- Multiplikatoren einbinden:
    - Arbeiten Sie mit lokalen Behörden, religiösen Vertretern oder anderen angesehenen Persönlichkeiten zusammen, um Ihre Richtigstellungen zu verbreiten.
- Monitoring und Frühwarnsysteme:
    - Beobachten Sie regelmäßig soziale Medien und Nachrichtenportale, um Fake News frühzeitig zu erkennen.
    - Tools wie Google Alerts oder Social-Media-Monitoring-Tools (z. B. Hootsuite, Brandwatch) können dabei helfen.

4. Empathische Kommunikation

- Empathie und Verständnis zeigen:
    - Betonen Sie, dass viele Menschen durch Fake News verunsichert werden, und bieten Sie Dialoge an, um Ängste zu klären.
    - Gehen Sie gezielt auf die emotionalen Aspekte ein, die hinter der Verbreitung von Fake News stehen, z. B. Angst oder Misstrauen.
- Positive Geschichten teilen:
    - Erzählen Sie Erfolgsgeschichten und Beispiele gelungener Integration, um ein realistisches und positives Bild zu vermitteln.
    - Nutzen Sie persönliche Geschichten von Geflüchteten oder Ehrenamtlichen, um Mitgefühl und Verständnis zu fördern.

5. Rechtliche Schritte

- Gegen Verleumdungen vorgehen:
    - Falls Fake News strafrechtlich relevante Inhalte enthalten (z. B. Hassrede, Aufruf zu Gewalt), ziehen Sie rechtliche Schritte in Betracht.

- o Dokumentieren Sie die Verbreitung der Fake News und melden Sie diese bei Plattformen oder den zuständigen Behörden.
- Kooperation mit Plattformen:
  - o Melden Sie falsche Inhalte bei Social-Media-Plattformen wie Facebook, Twitter oder Instagram, die Mechanismen zur Bekämpfung von Fake News bieten.

6. Einbindung von Geflüchteten

- Geflüchtete zu Botschaftern machen:
  - o Ermutigen Sie Geflüchtete, ihre Perspektiven und Geschichten zu teilen, um Stereotype zu entkräften.
  - o Fördern Sie den Austausch zwischen Geflüchteten und der lokalen Gemeinschaft, um Berührungsängste abzubauen.

7. Langfristige Strategien

- Wissenschaftliche Forschung nutzen:
  - o Verwenden Sie Studien und Daten, um langfristige Trends und positive Effekte von Flüchtlingsunterkünften aufzuzeigen.
- Kooperation mit Bildungseinrichtungen:
  - o Schulen und Universitäten können Projekte gegen Vorurteile und Fake News unterstützen.

Der Umgang mit Fake News erfordert einen ganzheitlichen Ansatz, der Transparenz, Prävention und schnelle Reaktion kombiniert. Empathie, sachliche Richtigstellungen und eine offene Kommunikation sind entscheidend, um Falschinformationen zu entkräften und ein konstruktives Miteinander zu fördern.

6.3.8 Reinigung

„Hygienestandards müssen als Teil des unterkunftsspezifischen Schutzkonzeptes effektiv durchgesetzt werden. Um dies zu gewährleisten, muss die Leitung unter anderem einen Hygieneplan erstellen, umsetzen und überwachen. Sollten in einer Unterkunft die Reinigungsarbeiten nicht durch interne oder externe

Dienstleister:innen übernommen werden, ist ein Plan zur Reinigung durch die Bewohner:innen partizipativ mit diesen zu erstellen.[64]"

In der Unterkunft herrscht grundsätzlich „aufgrund des Zusammentreffens vieler Menschen mit in der Regel unbekanntem Infektionsstatus [...] in den Einrichtungen ein höheres Übertragungsrisiko für Infektionskrankheiten. Spezifisch für Flüchtlingsunterkünfte ist der unterschiedliche kulturelle Hintergrund der Bewohner:innen, der vielfältige Auswirkungen auf alltägliche Abläufe haben kann (Zubereitung von Lebensmitteln, Toilettenbenutzung usw.) und bei der Umsetzung der Hygiene in der Gemeinschaftsunterkunft zu beachten ist.[65]"

Entsprechend des „Rahmen-Hygieneplan gemäß § 36 Infektionsschutzgesetz - Gemeinschaftsunterkünfte für Flüchtlinge, Asylbewerber, Spätaussiedler und Obdachlose" gelten folgende Mindestanforderungen als Auszüge für ein zu erstellendes Konzept[66]:

- Für Ordnung und Reinigung im Zimmer müssen die Bewohner:innen selbst sorgen.
- In Gemeinschaftsräumen sind diese [nichttextilen Bodenbeläge] täglich feucht zu wischen.
- Aschenbecher sind täglich zu leeren und zu reinigen.
- Mit Blut oder Körperausscheidungen kontaminierte Flächen sollen sofort desinfiziert / gereinigt werden.
- Die Zimmer sind mehrmals täglich zu lüften (Quer- oder Stoßlüftung). Das betrifft die Bewohnerzimmer und die gemeinschaftlich genutzten Räume.

Dies Anforderungen belegen, dass eine geringe, gar nur wöchentliche Reinigung nicht ausreichend sein kann. Neben den in dem Kapitel „5.4.5 Sauberkeit,

---

[64] https://www.bmfsfj.de/re-source/blob/117472/bc24218511eaa3327fda2f2e8890bb79/mindeststandards-zum-schutz-von-gefluechteten-menschen-in-fluechtlingsunterkuenften-data.pdf, S. 30, Stand: 09.12.2023
[65] Rahmen-Hygieneplan gemäß § 36 Infektionsschutzgesetz - Gemeinschaftsunterkünfte für Flüchtlinge, Asylbewerber, Spätaussiedler und Obdachlose, abrufbar über: https://www.uminfo.de/rahmenhygieneplaene/lak-gemeinschaftseinrichtungen/rhp-lak-gemeinschaftsunterkuenfte-fluechtlinge-asyl-2016.pdf, Stand: 09.12.2023
[66] Ebd., S. 9 f.

Sicherheits- und Gesundheitsrisiken" beschriebenen Risiken als Argumente für eine tägliche Reinigung, ergeben die vorangestellten Aspekte bereits diese Notwendigkeit. Ergänzt werden kann die tägliche Reinigung durch die Einbindung der Bewohner:innen in ein Reinigungskonzept.

6.3.4 Gesundheitsgefahren

Auch zur Bekämpfung von Gesundheitsgefahren bietet eine Grundhygiene eine entsprechende Basis. Darüber hinaus sollte sich an die Empfehlungen des „Rahmen-Hygieneplans gemäß § 36 Infektionsschutzgesetz - Gemeinschaftsunterkünfte für Flüchtlinge, Asylbewerber, Spätaussiedler und Obdachlose" oder weitere länderspezifische gesetzliche Regelungen orientiert werden: „Es wird empfohlen, Schutzimpfungen bei Bewohner:innen von Gemeinschaftsunterkünften möglichst frühzeitig durch den öffentlichen Gesundheitsdienst oder durch von ihm beauftragte Ärzte zu beginnen. Die Vervollständigung von Grundimmunisierungen kann durch niedergelassene Ärzte oder durch das Gesundheitsamt erfolgen.[67]"

Darüber hinaus ist mit dem Gesundheitsamt frühzeitig ein Konzept zur Isolierung und zum Umgang mit Krankheitsausbrüchen zu entwickeln. Dabei sind auch präventive Maßnahmen zum Schutz der Leistungserbringer und des Personals zwingend zu berücksichtigen.

6.3.5 Familiäre Probleme und sexualisierte Gewalt

Für die Unterkünfte an sich sollten Gewaltschutzkonzepte entwickelt werden, sodass auch „geflüchtete Personen über eigene Rechte und über Gewaltschutz aufgeklärt werden[68]" können. Wie bereits in anderen Kapiteln angesprochen, ist es notwendig, dass „alle erwachsenen Personen, die in einer Unterkunft leben, Informationen zu Geschlechtergerechtigkeit, Rechten von Frauen und lesbischen, bi-, inter- und transsexuellen Geflüchteten sowie zur Rechtslage in Bezug auf sexualisierte und häusliche Gewalt in geeigneter Form vermittelt[69]" bekommen.

---

[67] Ebd., S. 17
[68] Land Brandenburg: GEWALTSCHUTZ FÜR FRAUEN in Flüchtlingsunterkünften, S. 19, abrufbar über: https://www.gewaltschutz-gu.de/fileadmin/user_upload/PDFs__Publikationen_/Brandenburg_GewaltschutzfrFrauen.pdf, Stand: 11.12.2023
[69] Ebd., S. 19

Grundsätzlich gilt auch hier, dass die Schaffung einer sicheren Umgebung und das Vertrauen, über Vorfälle zu sprechen, sowohl für Frauen als auch für Männer gilt. Auch hier gilt ein entsprechender Personalschlüssel, der es ermöglicht, unmittelbar nach einem Vorfall einen Gesprächstermin zu vereinbaren. Bewohner:innen, die auf einen Termin warten müssen, verlieren die Hoffnung auf Unterstützung und öffnen sich ggf. nicht: „Grundsätzlich gilt es, potenziell von Gewalt Betroffene angemessen zu schützen und ihnen die bestmögliche Hilfe zu gewähren. Dies sollte basierend auf dem Grundsatz der Nichtdiskriminierung geschehen, einer zentralen Voraussetzung für Gewaltfreiheit und somit auch Gewaltprävention.[70]"

Dabei muss durch qualifiziertes Personal jede Form der Gewalt gegen welches Geschlecht auch immer ernstgenommen werden. Standardisierte Konzepte um „die gesundheitliche Versorgung der Betroffenen, die psychosoziale Stabilisierung sowie de[n] Schutz und die Wahrung ihrer Rechte zu gewährleisten, beispielsweise durch räumliche Trennung von dem:der mutmaßlichen Täter:in[71]" helfen, professionell auf jegliche Situationen zu reagieren.

Für alle Themenbereiche gilt, dass die Unterbringung über Räumlichkeiten verfügen muss, die eine sofortige Trennung und Absonderung aus schwierigen familiären Verhältnissen unter Beibehaltung des Standards ermöglichen.

Mitarbeitende und Dienstleister müssen vertraglich verpflichtet werden, an regelmäßigen Sensibilisierungsschulungen teilzunehmen, damit sie Wesensveränderungen frühzeitig wahrnehmen und durch ihr Handeln Betroffene schützen können. Diese Schulungen müssen bedarfsorientiert sein und aktuelle Themen (z.B. Kinderschutz) aufgreifen. Mögliche Angebote und die erarbeiteten Konzepte müssen allen bekannt sein, um ein schnelles und unbürokratisches Handeln zu ermöglichen. Dazu gehören auch entsprechende Ressourcen, die unkompliziert und zeitnah in Anspruch genommen werden können:

---

[70] https://www.bmfsfj.de/re-source/blob/117472/bc24218511eaa3327fda2f2e8890bb79/mindeststandards-zum-schutz-von-gefluechteten-menschen-in-fluechtlingsunterkuenften-data.pdf, S. 26, Stand: 09.12.2023
[71] Ebd., S. 26

- Unabhängige Dolmetscher
- Medizinische Versorgung
- Fachberater, Jugendamt, Rechtsanwälte, Psychologen, Opferprävention etc.
- Polizeiliche Aufklärung über strafrechtliche und gefahrenabwehrende Möglichkeiten

Auch hier sollten bereits Konzepte für andere Bereiche (z.B. das Schwerpunktthema „Häusliche Gewalt") der Stadt vorliegen, die unkompliziert angepasst werden können. Zusammenfassend lässt sich also festhalten:

Der Umgang mit sexualisierter Gewalt in Flüchtlingsunterkünften erfordert eine vielschichtige und zielgerichtete Strategie, die Prävention, Schutzmaßnahmen, Unterstützung für Betroffene und Sanktionen umfasst. Die folgenden Ansätze können dabei helfen:

1. Prävention

a) Sensibilisierung und Schulung

- Bewusstseinsbildung: Schulungen für Bewohner:innen und Personal über sexualisierte Gewalt, ihre Auswirkungen und die Bedeutung von Prävention.
- Kultur- und gendersensible Ansätze: Informationen an die kulturellen Hintergründe und Lebensrealitäten der Bewohner:innen anpassen.
- Grenzsetzung: Klare Kommunikation darüber, welche Verhaltensweisen nicht toleriert werden.

b) Räumliche und organisatorische Maßnahmen

- Geschlechtergetrennte Bereiche: Getrennte Schlafräume und Sanitäranlagen für Frauen, Männer und Familien.
- Sicherheitskonzepte: Videoüberwachung in öffentlichen Bereichen (unter Wahrung der Privatsphäre), Notrufsysteme und Sicherheitsdienste.
- Privatsphäre: Maßnahmen zur Schaffung sicherer, abschließbarer Räume.

c) Schutz für vulnerable Gruppen

- Spezielle Unterbringung und Schutz für besonders gefährdete Personen (z.B. Frauen, Kinder, LGBTQ+ Personen).

2. Schutzmaßnahmen

a) Klare Verhaltensregeln

- Code of Conduct: Verhaltenskodex, der für Bewohner:innen und Personal gleichermaßen gilt und sexualisierte Gewalt strikt verbietet.
- Kommunikation: Regeln müssen in verständlicher Sprache und mehreren Sprachen zugänglich sein.

b) Melde- und Beschwerdeverfahren

- Niedrigschwellige Meldemöglichkeiten: Vertrauenspersonen, anonyme Beschwerdeboxen oder Hotlines, die leicht erreichbar sind.
- Vertraulichkeit: Schutz der Identität der Betroffenen, um Angst vor Repressionen zu vermeiden.
- Unabhängige Anlaufstellen: Zugang zu externen Beratungsstellen und Organisationen.

c) Professionelles Personal

- Fachkräfte: Geschulte Sozialarbeiter:innen, Psycholog:innen und Sicherheitskräfte, die mit traumatisierten Personen arbeiten können.
- Frauen in Führungsrollen: Insbesondere für Frauen und Kinder ist die Präsenz weiblicher Ansprechpartner:innen oft essenziell.

3. Unterstützung für Betroffene

a) Psychologische und medizinische Hilfe

- Traumatherapie: Zugang zu spezialisierten Therapeut:innen, die mit Opfern sexualisierter Gewalt arbeiten.
- Gesundheitsversorgung: Medizinische Untersuchungen und Versorgung in einem geschützten Rahmen.

b) Rechtlicher Beistand

- Rechtsberatung: Unterstützung bei der Anzeige von Straftaten und rechtlicher Vertretung.
- Schutz vor Täter:innen: Maßnahmen wie Schutzunterkünfte oder einstweilige Verfügungen.

c) Empowerment-Programme

- Workshops und Schulungen, die Betroffene dabei unterstützen, ihre Rechte zu kennen und selbstbestimmt zu handeln.

4. Sanktionen und rechtliche Konsequenzen

- Konsequente Ahndung: Täter:innen müssen mit angemessenen rechtlichen Schritten und ggf. mit einer Verlegung oder dem Ausschluss aus der Unterkunft rechnen.
- Kooperation mit Behörden: Zusammenarbeit mit Polizei und Justiz, um Fälle zu verfolgen und die Sicherheit in den Unterkünften zu gewährleisten.

5. Interinstitutionelle Zusammenarbeit

- Netzwerke: Zusammenarbeit mit Frauenhäusern, Opferberatungsstellen, NGOs und staatlichen Stellen.
- Evaluation und Monitoring: Regelmäßige Überprüfung und Anpassung von Maßnahmen.

6. Politische und gesellschaftliche Rahmenbedingungen

- Langfristige Lösungen: Verbesserung der Unterbringungssituation durch dezentrale Unterkünfte, die weniger Konfliktpotenzial aufweisen.
- Integration fördern: Sprachkurse, Beschäftigungsmaßnahmen und Bildung fördern das Miteinander und verringern Spannungen.

6.3.6 Freihalten von Flucht- und Rettungswegen

Die Freihaltung von Flucht- und Rettungswegen wird von vier wesentlichen Faktoren beeinflusst:

1. Gibt es ausreichend und als sicher empfundenen Stauraum für die Bewohner:innen der Unterkunft?

2. Wurde die Hausordnung in der jeweiligen Landessprache vermittelt und ausführlich erklärt, dass diese Maßnahmen dem eigenen Schutz dienen?
3. Besteht in der Unterkunft ein Klima gegenseitiger sozialer Kontrolle?
4. Gibt es ausreichend Sicherheitspersonal, das Probleme frühzeitig erkennen und darauf reagieren kann?

Zu diesen Fragen gehören schließlich auch die entsprechenden Maßnahmen zur Freihaltung der Flucht- und Rettungswege:

- Ausreichend abschließbarer Stauraum für alle Bewohner:innen.
- Die Hausordnung in der jeweiligen Landessprache verständlich erklären und auf den Sinn definierter Verbote hinweisen. Dies sollte regelmäßig wiederholt werden, wenn Verstöße festgestellt werden.
- Stärkung des Zusammengehörigkeitsgefühls in der Unterkunft und damit Förderung der sozialen Kontrolle ohne Einsatz repressiver Kräfte.
- Bereitstellung von ausreichendem Sicherheitspersonal, das die Umsetzung der oben genannten Aspekte kontrolliert.

Sollte die Entfernung illegal abgestellter Gegenstände notwendig und rechtlich geboten sein, sind diese zu verwahren und die Bewohner:innen über die Abholung zu informieren. Hierfür sind entsprechende Räumlichkeiten zur Verfügung zu stellen. Die Abholung bietet jedoch die Möglichkeit, ein entsprechendes Präventionsgespräch zu führen. Nicht abgeholte Gegenstände (z.B. Fahrräder) sollten vor der Entsorgung einer polizeilichen Kontrolle unterzogen werden.

6.3.7 Fehlende Einweisung in Hausordnung

Auch wenn die Grundsätze der Hausordnung bereits in den vorangegangenen Kapiteln definiert wurden, soll an dieser Stelle noch einmal auf die Bedeutung der Hausordnung hingewiesen werden. Die Hausordnung ist ein wesentlicher Bestandteil des friedlichen Zusammenlebens in der Unterkunft. Sie muss daher von allen verstanden und eingehalten werden. Dabei sind insbesondere länderspezifische Aspekte zu berücksichtigen. Es kann nicht erwartet werden, dass Brandschutzvorschriften von allen Flüchtlingen verstanden werden, wenn vergleichbare Vorschriften oder gar Gefahren im Heimatland nicht existieren.

Der Detaillierungsgrad der Unterweisung ergibt sich aus dem erkannten Bedarf und sollte mindestens jährlich bzw. nach Bedarf wiederholt werden (auch in der jeweiligen Landessprache). Dem übergeordneten Ziel der Verhinderung verheerender Brandereignisse ist hier durch einen erhöhten Aufwand des Betreibers Rechnung zu tragen. Neben den Aspekten des zivilisierten Umgangs miteinander, des Brandschutzes, ist die Hausordnung auch ein Aspekt des Gewaltschutzes: „Die Hausordnung und das Leitbild mit dem klaren Bekenntnis gegen Gewalt sollte den Bewohnerinnen und Bewohnern bei der Anreise ausgehändigt und erklärt werden. Mit der Unterschrift durch die Bewohnerinnen und Bewohner sollten Empfang und Kenntnisnahme bestätigt werden.[72]"

6.4 Technische Maßnahmen

Die nachfolgenden Ausführungen ersetzen oder ergänzen keinesfalls das notwendige Brandschutzkonzept in einer Unterkunft. Dennoch gibt es aufgrund des Nutzungsverhaltens definierbare Risiken und Folgeschäden, die entsprechende Maßnahmen, immer unter Berücksichtigung der entsprechenden rechtlichen Betrachtung, erforderlich machen können.

6.4.1 Überwachung Flucht- und Rettungswege sowie Rettungs- und Hilfsmittel

Alarme von offenen Flucht- und Rettungswegen sollten zentral im Sicherheitsdienstraum aufgeschaltet werden. Bei entsprechender personeller Ausstattung kann ein sofortiges Eingreifen sowie eine Einweisung erfolgen. Dadurch können Gefahren wie das Eindringen von Personen oder unbeaufsichtigt spielende Kinder vermieden werden. Eine Abwägung zu mechanischen Türwächtern sollte im Rahmen der Alarmfeststellung erfolgen. Dabei spielt die frühzeitige Erkennung einer ausgelösten Türüberwachung eine wichtige Rolle. Insbesondere bei großen Objekten kann nicht sichergestellt werden, dass die Alarme von einer zentralen Stelle aus gehört werden können.

Vielmehr sollte der Einsatz von technischen Fluchttürsteuerungen und Fluchtwegsicherungssystemen mit Alarmweiterleitung an den Sicherheitsdienst realisiert werden. Dabei können die Türen mit einem Haftmagneten dauerhaft verschlossen werden und bei Verwendung des Fluchttürterminals kann der Alarm nicht nur lokal, wie

---

[72] Land Brandenburg: GEWALTSCHUTZ FÜR FRAUEN in Flüchtlingsunterkünften, S. 16, abrufbar über: https://www.gewaltschutz-gu.de/fileadmin/user_upload/PDFs__Publikationen_/Brandenburg_GewaltschutzfrFrauen.pdf, Stand: 11.12.2023

bei Fluchttürwächtern, sondern über eine BUS-Steuerung direkt an das System des Sicherheitsdienstes weitergeleitet werden.

Ebenso sollte eine abgesetzte Anzeigetafel der Brandmeldeanlage im Büro des Sicherheitsdienstes vorhanden sein, damit rechtzeitig Maßnahmen zur Evakuierung eingeleitet und Rettungskräfte eingewiesen werden können. Feuerlöscher, die, sofern es das Brandschutzkonzept zulässt, keine Pulverlöscher sein sollten, sind durch technische Sicherungen gegen Manipulation oder Diebstahl zu schützen (z. B. durch einen Entnahmealarm). Bei allen technischen Maßnahmen sind selbstverständlich regelmäßige Wartungen sowie Kontrollen erforderlich.

6.4.2 Durchgängiger WLAN-Empfang und Rückzugsmöglichkeiten

Verständlicherweise ist für viele Bewohner:innen die Kommunikation mit den Familien im Herkunftsland wichtig. Dabei ist vor allem zu berücksichtigen, dass zwischen Deutschland und dem Herkunftsland eine nicht zu unterschätzende Zeitverschiebung bestehen kann. Um Konflikte sowohl innerhalb als auch außerhalb der Unterkunft zu vermeiden, sollten vor allem für die Nachtstunden Rückzugsmöglichkeiten zum Telefonieren angeboten werden, die Dritte nicht stören. Ein durchgängiger, stabiler und ausreichender WLAN-Empfang ist hierfür unabdingbar. Ansonsten werden sich die Bewohner:innen Alternativen suchen und ggf. auf freies WLAN an anderen öffentlichen Orten ausweichen, was zu Nutzungskonflikten führen kann. Dies kann durch ein entsprechendes Angebot in der Unterkunft vermieden werden.

6.4.3 Videoüberwachung

Gegebenenfalls kann eine Videoüberwachung der Anlage und des Umfeldes erforderlich sein. Die rechtlichen Anforderungen hierfür sind in der DSGVO und im BDSG geregelt. Sollte eine Videoüberwachung erforderlich sein, ist zu berücksichtigen, dass es sich hierbei um einen Eingriff in das Grundrecht auf informationelle Selbstbestimmung der Flüchtlinge sowie der Betroffenen handelt. Nach Auffassung der Landesregierung Baden-Württemberg darf eine Videoüberwachung in Flüchtlingsunterkünften beispielsweise nur aus folgenden Gründen erfolgen: „Die Videoüberwachung dient der Sicherung der Einrichtung zum Schutz von Leben und Gesundheit der sich auf dem Gelände der jeweiligen Erstaufnahmeeinrichtung aufhaltenden Personen, dem Schutz der Gebäude und baulichen Anlagen der Einrichtung sowie des dort befindlichen beweglichen Eigentums. [Und] Darüber hinaus ist der

Videotechnikeinsatz auf Freiflächen innerhalb der Erstaufnahmeeinrichtungen und auf deren Gebäudehüllen bzw. -fassaden beschränkt.[73]"

Der Hauptzugang und die Außenbereiche sollten jedoch überwacht werden, um das Eindringen fremder Personen und die Begehung von Straftaten frühzeitig zu erkennen. Dies ermöglicht auch den eindeutigen Nachweis und die Zuordnung eines benutzten Zugangsmerkmals zu einer Person. Gleichzeitig dient dies dem Schutz vor Straftaten zum Nachteil der Flüchtlinge sowie der Infrastruktur der Einrichtung. Hier ist ein entsprechendes Datenschutzkonzept zu erarbeiten und der Stand der Technik zu nutzen. Eine Livebeobachtung der Videobilder im Raum der Sicherheitskräfte ist zu begrüßen und technisch abzusichern.

6.5 Personelle Maßnahmen

Personelle Sicherheitsdienstleistungen – für viele Verantwortliche eine einfache Lösung, um wieder zum Tagesgeschäft übergehen zu können. Dabei gibt es jedoch einige Fallstricke zu beachten. Doch beginnen wir mit einem Zitat von John Ruskin, das eigentlich für sich selbst stehen kann

„Es gibt kaum etwas auf dieser Welt, das nicht irgendjemand ein wenig schlechter machen kann und etwas billiger verkaufen könnte, und die Menschen, die sich nur am Preis orientieren, werden die gerechte Beute solcher Menschen.

Es ist unklug, zu viel zu bezahlen, aber es ist noch schlechter, zu wenig zu bezahlen. Wenn Sie zu viel bezahlen, verlieren Sie etwas Geld, das ist alles. Wenn Sie dagegen zu wenig bezahlen, verlieren Sie manchmal alles, da der gekaufte Gegenstand die ihm zugedachte Aufgabe nicht erfüllen kann.

Das Gesetz der Wirtschaft verbietet es, für wenig Geld viel Wert zu erhalten. Nehmen Sie das niedrigste Angebot an, müssen Sie für das Risiko, das Sie eingehen, etwas hinzurechnen. Und wenn Sie das tun, dann haben Sie auch genug Geld, um für etwas Besseres zu bezahlen."

---

[73] Landtag von Baden-Württemberg - Drucksache 16 / 9138, abrufbar über: https://www.landtag-bw.de/files/live/sites/LTBW/files/dokumente/WP16/Drucksachen/9000/16_9138_D.pdf, Stand: 09.12.2023

Die Frage nach einem „richtigen" Preis-Leistungs-Verhältnis wird uns folglich auch in diesem Abschnitt ausführlich beschäftigen.

6.5.1 Billig ist schlecht!

Oft höre ich von Kunden oder aus meinem Netzwerk: „Ich kenn mich doch damit nicht aus, was soll ich denn fordern?" Und ich reagiere immer mit der gleichen Rückfrage: „Wann haben Sie das letzte Mal ein Smartphone, einen Fernseher oder ein Auto gekauft?" Das führt oft zu Verwirrung.

Obwohl die meisten von uns keine Technikexperten sind, vergleichen wir Preise und Angebote, analysieren Vor- und Nachteile und lesen technische Bewertungen - auch bei Produkten, mit denen wir uns nicht auskennen. Aber wir beschäftigen uns trotzdem damit und suchen das für uns bestmögliche Produkt und geben lieber ein paar Euro mehr aus, als Billigware zu kaufen, die wir in ein paar Monaten sowieso wieder austauschen müssen.

Im Alltag wissen wir genau, dass wir bei einem Billiganbieter aus Asien nicht das hochwertige Produkt bekommen, das wir hier beim Fachhändler kaufen können. Wir sind in der (erwachsenen) Lage, bewusste Entscheidungen zu treffen.

Und wofür? Für das beste Home-Entertainment-Erlebnis? 4k-Auflösung und echtes Kino-Feeling? Für ein bisschen Spaß ohne echten Mehrwert? Und für die Sicherheit unserer Mitarbeiterinnen und Mitarbeiter, unserer Gäste, Freunde und Verwandten nehmen wir das billigste und erstbeste Produkt? Da stimmt doch die Wertigkeit nicht, oder?

Und das ist keine grundsätzliche Kritik an Organisationen, die sich für den billigsten Anbieter entscheiden, sofern die Entscheidung bewusst und unter Abwägung der Vor- und Nachteile getroffen wurde. Denn „billig" bedeutet grundsätzlich nicht „schlechter". Ein Unternehmen kann aus verschiedenen Gründen günstigere Preise als die Konkurrenz anbieten:

- geringere administrative Kosten,
- schlankere Prozesse oder
- Querfinanzierung von Aufträgen, da das Unternehmen mit anderen hochpreisigen Verträgen, diese Vergabe z.B. aus Prestigegründen unbedingt gewinnen möchte.

- „Local Heroes" haben oft ein besseres (regionales) Netzwerk zu Behörden als bundesweit agierende Sicherheitskonzerne. Große Unternehmen müssen sich breit aufstellen, während kleine Unternehmen sich regional spezialisieren können (wenn erstere nicht ohnehin mit den kleineren Unternehmen als Subunternehmen zusammenarbeiten).

Die grundsätzlichen Risiken bei der Wahl des billigsten Angebotes sprechen aber auch auf der anderen Seite für sich:

- Mögliche Beeinträchtigung der Vertragserfüllung
- Mögliche Wettbewerbsverstöße
- Nichteinhaltung von Gesetzen
  - Gewerberecht
  - Mindestlohnrecht
  - Arbeitsrecht
  - Ausbleibende Zahlung von Steuern- und Sozialabgaben
  - Und damit verbundene Imagerisiken für Auftraggeber

Den Mehrwert hinter der Preisdiskussion möchte ich mit der folgenden Kostenübersicht einmal in Frage stellen. Für das folgende Beispiel soll mal eine tägliche Nachtbesetzung von 8 Stunden (bei durchschnittlich 30,5 Tagen – Gesamtstunden also 244 h) betrachtet werden:

Preis um _X_ Cent günstiger/h	Kosten- reduzierung/Monat	Kosten- reduzierung/Jahr
5 Cent/h	-12,20 €	-146,40 €
50 Cent/h	-122 €	-1.464 €
1 €/h	-244 €	-2.928 €
2 €/h	-488 €	-5.856 €

Wie teuer wird es, wenn der Einkauf und der Dienstleister, der diese Diskussionen sicherlich schon im Vorfeld einkalkuliert hat, zwei Stunden darüber diskutieren, ob man nicht 1,00 € pro Stunde einsparen kann[74]?

Dennoch gibt es ein paar Möglichkeiten als fachausschreibende Stelle auch der internen Kostendiskussion zu umgehen, sofern man selbst gewillt ist, hohe Qualität einzukaufen. Dazu müssen wir uns einmal anschauen, welche (sinnfreien) Anforderungen es in Ausschreibungen gibt, zum Beispiel das Preis-Qualität-Verhältnis. Auch der Arbeitgeberverband der Sicherheitswirtschaft fordert das immer wieder: „Für den Bereich der Vergabe von Sicherheitsdienstleistungen bedarf es der gesetzlichen Festlegung, dass bei Ausschreibungen eine Gewichtung von Qualität, zu mindestens 60 Prozent, und Preis, zu höchstens 40 Prozent, erfolgen muss.[75]"

Natürlich kann ich das machen, aber was habe ich hier dann tatsächlich gewonnen, wenn qualitativ nicht mehr gefordert, nur mehr gewichtet wird? Dieses Problem kann ich folgendermaßen umgehen:

1. Ich mache mir als Verantwortlicher sehr bewusst, was ich mit der Dienstleistung erreichen will: Geht es wirklich um die Abwehr von Gefahren und Straftaten oder nur um die Risikoverschiebung auf die Versicherung des Sicherheitsdienstleisters.
2. Welches eigene Qualitätsverständnis und welche damit verbundenen Erwartungen habe ich?
3. Welche Anforderungen haben wir an den einzelnen Mitarbeitenden des Dienstleister?

Die Idee hinter der Abbildung 14 ist, dass damit grundsätzlich sachlich alle Dienstleister im Wettbewerb die gleichen Anforderungen erfüllen müssen. Danach wird

---

[74] Natürlich macht auch hier die Masse die Kosten, aber der zu betrachtende Mechanismus sollte gleichbleiben.
[75] Positions- und Forderungspapier des BDSW Bundesverband der Sicherheitswirtschaft zur BUNDESTAGSWAHL 2025 und für die 21. Legislaturperiode des DEUTSCHEN BUNDESTAGES. Abrufbar über: https://www.bdsw.de/images/pdf/BDSW_Positions-_und_Forderungspapier_zur_BTW_2025.pdf, Stand: 12.02.2025

der Preis irrelevant, da das eigene Ziel „qualitativ hochwertige" Dienstleistung erreicht wurde[76].

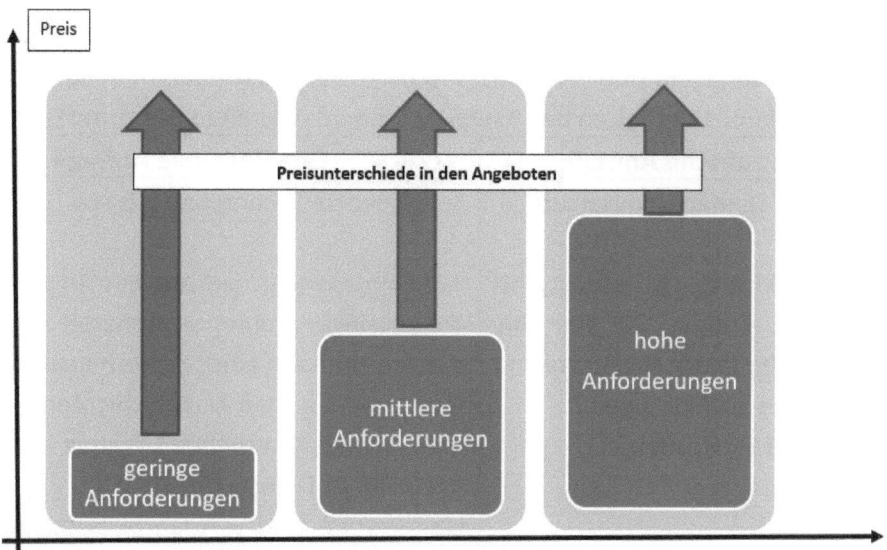

Abbildung 14 Abhängigkeit von Anforderungen und preislichen Differenzen (Quelle: eigene Darstellung)

Durch die Präzisierung der Anforderungen erhöht sich der niedrigmöglichste Angebotspreis für jeden Bieter, da jeder Faktor einer Dienstleistung eingepreist wird:

Keine Präzisierung	Deutliche Präzisierung
Jogginghose: 7€	Anzug: 70€
Keine Sprachkenntnisse: 0€	Englisch B2: +1,50€/h
Keine Technik: 0€	Funkgeräte: 70€/Einsatz

---

[76] Natürlich kann hier der berechtigte Einwand erfolgen, dass diese Anforderungen auf die Realisierbarkeit und Umsetzbarkeit beim Dienstleister überprüft werden müssen. Und dieser Hinweis hat seine Berechtigung, auch wenn eine Ausschreibung den Auftraggeber grundsätzlich nicht aus der Verantwortung entlässt, seinen Dienstleister regelmäßig hinsichtlich der Qualität zu überprüfen.

Deshalb bleibt es auch bei Sicherheitsverantwortlichen in der Verantwortung seine Ausschreibungen bzw. Anfragen auch entsprechend deutlich zu formulieren. Wie das konkret aussieht, zeigt das nachfolgende Szenario.

Szenario:
Benötigte Beauftragung von Freitag 20 Uhr bis Montag 07 Uhr in der Nachtschicht, Hintergrund sind vermehrt Beschwerden von Anrainern in der Nacht über zu lautes Verhalten der Bewohner:innen im Umfeld der Unterkunft

Unspezifische Anfrage	Qualitätsvolle Anfrage
Sehr geehrte Damen und Herren,	Sehr geehrte Damen und Herren,
wir benötigen bitte 1x Security ab kommenden Freitag 20 Uhr bis Montag 07 Uhr in der Nachtschicht. Bitte erstellen Sie ein Angebot. Mit freundlichen Grüßen,	Bitte übersenden Sie uns ein Angebot für die Erbringung eines stationären Kontrolldienstes in Form eines Sicherheitsmitarbeiters jeweils in den Nachtschichten von 20 bis 7 Uhr ab kommenden Freitag bis Montag 7 Uhr (3 Dienste).
XXX	Hintergrund sind vermehrte Beschwerden der Anrainer über zu lautes Verhalten unserer Bewohner:innen in den Nachtstunden. Bisherige Erfahrungen haben gezeigt, dass es vermehrt zu Lärmbelästigungen, Störung von anderen Gästen und unkontrolliertem Alkoholgenuss kommt. Der eingesetzte Mitarbeiter soll folgende Aufgaben übernehmen:
	• Deeskalierendes Verhalten
	• Einhaltung der Hausordnung
	• Reduzierung von Beschwerden durch präventives und durchsetzendes Auftreten
	Der Mitarbeiter soll bitte seinen Dienst in gut sichtbarer Dienstkleidung (gerne auch

als Sicherheitsmitarbeiter durch Warnweste erkennbar) versehen, kommunikativ sein und angemessen auftreten. Es wäre schön, wenn der Mitarbeiter bereits Erfahrung in Flüchtlingsunterkünften aufweisen könnte.

Die Einweisung in das Haus erfolgt durch unsere eigene Nachtschicht.

Als Ansprechpartner steht Ihnen Herr XXX für Detailbesprechungen unter der Rufnummer 030/... zu Verfügung.

Mit freundlichen Grüßen,

XXX

Ergebnis als Interpretation des Dienstleisters (überspitzt dargestellt)	
<ul><li>1x Security</li><li>Muskelbepackt</li><li>Sonst als Türsteher im Einsatz</li><li>Schwarzes T-Shirt mit Aufdruck „Security"</li><li>Jeans oder Jogginghose</li><li>Deeskalation und Kommunikation ist ein Fremdwort</li></ul>	<ul><li>Durch eine Beschreibung der Problemstellung erhält der Dienstleister die Möglichkeit der korrekten Auswahl des Sicherheitsmitarbeiters bzw. der Beurteilung des Auftrages</li><li>Es kommt zu einem Kundengespräch und der Erstellung einer Dienstanweisung</li><li>1x Sicherheitsmitarbeiter, der</li><li>Sonst bei anderen Unterkünften eingesetzt wird,</li><li>Geschult in Deeskalation und im Umgang mit Menschen ist</li><li>Saubere und ihn als Sicherheitsmitarbeiter kennzeichnende Dienstkleidung</li></ul>

Für Sie als Verantwortlicher ergibt sich aus diesem Beispiel die Frage der Konkretisierung und das Hinterfragen, ob das Bild und die persönliche Vorstellung mit den niedergeschriebenen Aspekten übereinstimmen. Gehen Sie nicht davon aus, dass der Auftragnehmer und Sie das gleiche Verständnis haben und konkretisieren Sie Ihre Aussagen: Der Auftragnehmer wird aus Ihren Anforderungen das für ihn Günstigste aus Ihren Anforderungen interpretieren, wie das folgende Beispiel zeigen soll:

"Der Auftragnehmer ist verpflichtet seinen Mitarbeitern regelmäßige Schulungen zukommen zu lassen. Zudem sind Sprachkenntnisse in Englisch wünschenswert!"
• Was bedeutet Regelmäßigkeit? • Welche Schulungen sind gewünscht? • Welches Level der Sprachkenntnisse muss erreicht werden? • Wünschenswert heißt nicht verpflichtend!

Positive Auslegung:	Negative Auslegung:
• Schulung einmal im Quartal • Der Dienstleister prüft den individuellen Schulungsbedarf anhand der Leistungsvereinbarung und legt dem Kunden ein Schulungskonzept zur Abstimmung vor • Alle Mitarbeiter können ein Sprachniveau C1 gem. Gemeinsamer Europäischer Referenzrahmen (GER) nachweisen	• Einmal im Jahr • Gesetzlich verpflichtete Schulung/Unterweisung im Arbeitsschutz • Sprachkenntnisse in Englisch sind halt auch „Hello" und „Goodbye"

Wie eine solche Herangehensweise aussehen könnte, zeigt nachfolgende Grafik zum Abschluss des Themas.

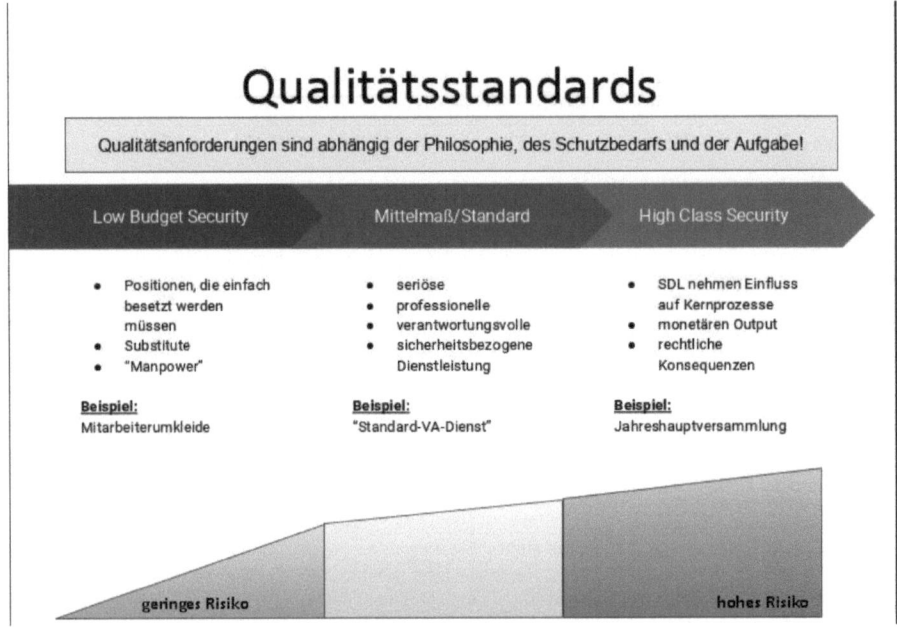

Abbildung 15 Qualitätsstandards und -niveau in Abhängigkeit der zu leistenden Aufgabe (Quelle: eigene Darstellung)

6.5.2 Allgemeine Anforderungen

Die folgenden Anforderungen an den Sicherheitsdienst werden die Gemüter erhitzen. Denn wie immer haben wir auch hier die Diskussion um Qualität vs. Preis. Da ich - gerade hier, wo es um den Schutz von Menschenleben geht - ein Freund von hohen Qualitätsstandards bin, wäre folgende Auflistung meine Empfehlung für die Beauftragung eines Sicherheitsdienstes: Ich empfehle, dem Sicherheitsdienst einen festen Ansprechpartner zuzuordnen. Dieser muss alle Belange der Mitarbeiter und Führungskräfte definieren und regeln.

Darüber hinaus muss im Rahmen der Zusammenarbeit vor allem für den Auftraggeber die Verhinderung einer illegalen, verdeckten Arbeitnehmerüberlassung und die Erhöhung der Sicherheit des Standortes auf Basis der rechtlich relevanten Gesetze das Ziel sein.

1. Rechtliche und formale Anforderungen

- Zulassung nach § 34a GewO
    - Der Dienstleister und das eingesetzte Personal müssen die gewerberechtliche Erlaubnis nach § 34a der Gewerbeordnung (GewO) besitzen.
    - Sicherheitskräfte müssen mindestens die Unterrichtung oder Sachkundeprüfung gemäß Bewachungsverordnung (BewachV) nachweisen.
    - Mitarbeitende und Unternehmen müssen über eine Bewacherregister-Identifikationsnummer verfügen
- Versicherungen und Haftung
    - Nachweis einer Betriebshaftpflichtversicherung mit ausreichender Deckungssumme für Personen-, Sach- und Vermögensschäden. Dabei gilt zu beachten, dass der Nachweis einer Haftpflichtversicherung in Höhe einer vom Auftraggeber ermittelten Maximalschadenshöhe gem. §§ 14 f. BewachV (Alternativ die der DIN 77200 als erhöhe Deckungssummen gegenüber der BewachV)
    - Klare Regelungen zur Haftung bei Fehlverhalten des Sicherheitspersonals.
- Tarifliche und arbeitsrechtliche Vorgaben
    - Nachweis der Einhaltung der geltenden Tarifverträge für Sicherheitsdienstleistungen.
    - Regelungen zur Arbeitszeit, Pausen und Schichtplanung, insbesondere bei 24/7-Einsätzen.

2. Qualifikationen und Schulungen des Personals

- Fachliche Mindestanforderungen
    - Mindestens Sachkundeprüfung nach § 34a GewO für alle eingesetzten Kräfte. Führungskräfte sollten über eine höhere Qualifikation verfügen.
    - Spezielle Schulungen in Deeskalation, Konfliktmanagement und interkultureller Kompetenz
    - Erste-Hilfe-Kurse, idealerweise mit Zusatzqualifikation in Notfallversorgung

- o Kenntnisse im Brandschutz und Evakuierungsmanagement
- o Ggf. sollte bei der Forderung einer Zertifizierung nach der DIN 77200 das Personalprofil ebenfalls entsprechend der DIN-Normung umgesetzt werden.
- Erweiterte Schulungen für spezielle Einsatzbereiche
  - o Umgang mit traumatisierten Personen (Sensibilisierung für psychologische Belastungen der Bewohner:innen)
  - o Prävention sexualisierter Gewalt (Erkennen von Gefahren und angemessene Reaktionen)
  - o Kinderschutz-Schulungen (Umgang mit unbegleiteten Minderjährigen, Meldeketten bei Verdachtsfällen)
- Sprachliche und interkulturelle Kompetenzen
  - o Sicherheitskräfte sollten grundlegende Kenntnisse in relevanten Fremdsprachen besitzen (z. B. Englisch, Arabisch, Paschtu, Dari).
  - o Schulungen zur kulturellen Sensibilisierung und zur Vermeidung von Diskriminierung.
  - o Einsatz von Dolmetschern oder mehrsprachigem Personal, falls erforderlich.

3. Einsatzplanung

- Erstellung eines objektspezifischen Arbeitsschutzkonzeptes
- Definition von Gefahrenbereichen und sensiblen Zonen innerhalb der Unterkunft
  - o Erstellung eines Schicht- und Patrouillenkonzepts.
  - o Regelmäßige Lagebesprechungen mit Unterkunftsleitung und Behörden.
- Einsatzstrategie und Aufgabenprofil
  - o Klare Abgrenzung der Aufgaben des Sicherheitsdienstes (z. B. Schutzaufgaben, Konfliktvermeidung, aber keine hoheitlichen Maßnahmen)
  - o Zusammenarbeit mit der Polizei und Sozialarbeiter:innen bei sicherheitsrelevanten Vorfällen
  - o Regelmäßige Lageanalysen und Gefahrenbewertung zur Anpassung der Sicherheitsmaßnahmen

- Dokumentation und Berichtswesen
  - o Lückenlose Protokollierung von Vorfällen und besonderen Ereignissen
  - o Standardisierte Meldesysteme für sicherheitsrelevante Zwischenfälle
  - o Vertrauliche Behandlung von sensiblen Daten gemäß Datenschutzbestimmungen

4. Ethische und soziale Anforderungen

- Respektvoller Umgang mit Bewohner:innen
  - o Verpflichtung zur Einhaltung ethischer Grundsätze und Menschenrechte
  - o Verbot diskriminierender, rassistischer oder unangemessener Verhaltensweisen
  - o Regelmäßige Supervision und Feedbackmechanismen für das Sicherheitspersonal
- Gewaltvermeidung und Deeskalation
  - o Strikte Anwendung von Deeskalationstechniken vor jeder physischen Intervention
  - o Einsatz nicht-konfrontativer Kommunikation zur Konfliktlösung.
  - o Kein Einsatz unverhältnismäßiger Gewalt oder Einschüchterungstaktiken
- Melde- und Beschwerdemechanismen
  - o Einrichtung einer anonymen Beschwerdestelle für Bewohner:innen und Mitarbeitende
  - o Klare Regelungen für den Umgang mit Fehlverhalten von Sicherheitskräften
  - o Regelmäßige Evaluierung der Dienstleistung durch unabhängige Stellen

5. Technische und organisatorische Anforderungen

- Ausrüstung und Infrastruktur
    - o Einsatz von Kommunikationsmitteln (z. B. Funkgeräte, Notrufsysteme)
    - o Einheitliche, identifizierbare Dienstkleidung ohne militaristischen Charakter
    - o Keine unnötige Bewaffnung – ausschließlich defensive Ausrüstung wie Taschenlampen oder Schutzwesten
- Zusammenarbeit mit Unterkunftsleitung und Behörden
    - o Regelmäßige Abstimmung mit der Unterkunftsleitung und dem Träger der Einrichtung
    - o Klare Kommunikationswege zur Polizei, Feuerwehr und Rettungsdiensten
    - o Teilnahme an behördlichen Sicherheitsbesprechungen und Gefährdungsanalysen

Je nach spezifischen Anforderungen kann auch der Nachweis der Zertifizierung als VdS-zertifizierte Interventionsstelle sowie die Erstellung eines Interventionsplanes nach VdS 2172-2: 2020-09 (08) mit eindeutig nachvollziehbaren Parametern gefordert werden.

Die Überprüfung der mindestens monatlich vorzulegenden Auswertungen des Wächterkontrollsystems sollte seitens des Auftraggebers ebenso umgesetzt werden wie regelmäßige Jour-Fix-Termine zur Besprechung der Dienstleistungsqualität und zur Überprüfung der Aktualität der Dienstanweisungen sowie zur Überprüfung der Interventionspläne.

Die Beauftragung eines Sicherheitsdienstes für eine Flüchtlingsunterkunft erfordert eine sorgfältige Auswahl nach klaren fachlichen, rechtlichen und sozialen Kriterien. Neben der Einhaltung gesetzlicher Vorgaben müssen die Sicherheitskräfte speziell geschult, interkulturell sensibel und deeskalationsfähig sein. Ein gutes Sicherheitskonzept basiert auf präventiven Maßnahmen, einer engen Zusammenarbeit mit Sozialarbeit und Behörden sowie einem respektvollen Umgang mit den Bewohner:innen.

6.5.3 Goldene Regeln – kleine Checkliste für eine professionelle Beauftragung

Die Seriosität und Leistungsfähigkeit eines Unternehmers erkennen Sie an folgenden „goldenen Regeln":

1. Informieren Sie sich über den aktuellen Tariflohn des Sicherheitsgewerbes in Ihrem Bundesland. Ein angebotener Stundenverrechnungssatz von 18 € ist bei einem Tariflohn von 16 € für den Mitarbeiter genauso diskussionswürdig wie ein Verrechnungssatz von 30 €. Eine Dienstleistung kann also zu billig, aber auch zu teuer sein. In beiden Fällen sollte nach einer offenen Kalkulation gefragt werden. Als Faustregel für ein wirtschaftliches Angebot kann ein Aufschlag von 65% auf den Tariflohn genommen werden - trotzdem muss jedes Angebot individuell geprüft werden.

2. Ein seriöses Sicherheitsunternehmen arbeitet transparent. Dies betrifft nicht nur die Kalkulation, sondern auch die Übersendung von Führungszeugnissen der Geschäftsführer, Gewerbezentral- und Handelsregisterauszügen sowie Unbedenklichkeitsbescheinigungen der Berufsgenossenschaft, des Finanzamtes und mindestens eines Sozialversicherungsträgers.

3. Lassen Sie sich an dieser Stelle nicht von Zertifikaten blenden oder beeindrucken. Es gibt einige wenige Dienstleistungen, für die eine Zertifizierung erforderlich ist, z.B. für die Alarmaufschaltung von Einbruchmeldeanlagen. Auch andere Nachweise können interessant sein, z.B. die Erfüllung der Anforderungen der DIN 77200 für die Gestellung von Sicherheitspersonal. Hinterfragen Sie aber immer, wie das Zertifikat operativ umgesetzt wird und was es für die Arbeit in der Praxis bedeutet. Prüfen Sie auch, ob die Zertifizierungsstelle diese Norm überhaupt prüfen darf und wenn ja, ob das Unternehmen überhaupt zertifiziert wurde - Papier ist geduldig.

4. Suchen Sie den persönlichen Kontakt zu einer Auswahl von Dienstleistern, die Ihnen möglicherweise von Kollegen aus anderen Einrichtungen empfohlen wurden. Fordern Sie in den Bietergesprächen Lösungsangebote, indem Sie Ihr Problem oder Ihr Ziel, das Sie mit dem Einkauf der Dienstleistung erreichen wollen, beschreiben. Lassen Sie mich Ihnen ein Beispiel geben: Der Einkauf von Sicherheitspersonal ist vergleichbar mit einem Restaurantbesuch. Wenn Sie nach zwei Sicherheitskräften fragen, bekommen Sie zwei Sicherheitskräfte - wenn Sie das erstbeste Gericht auf der Speisekarte

nehmen, bekommen Sie es auch. Sprechen Sie aber mit dem Kellner, fragen Sie nach der Spezialität oder einer Empfehlung des Hauses, werden Ihre Erwartungen vielleicht übertroffen.

Dasselbe gilt für Ihren Dienstleister, wenn Sie ihm sagen, was Sie brauchen. Lassen Sie ihn aktiv mitarbeiten und finden Sie gemeinsame Lösungen. Was nützt es Ihnen, wenn der Eingang bewacht wird, aber der Hintereingang immer offen ist? Die Ansätze im Konzept sagen auch etwas über die Qualität des Unternehmens aus.

5. Überlegen Sie, was Sie brauchen. Dies ist wahrscheinlich die schwierigste Aufgabe, denn Sie müssen sich über Ihre Sicherheitslücken, Risiken und Sicherheitsziele im Klaren sein. Dazu benötigen Sie ein Sicherheitskonzept, für das Sie - je nach Umfang der Risiken oder Erfahrungen aus der Vergangenheit - auch externe Hilfe in Anspruch nehmen können. Überlegen Sie weiter, wenn Sie an Personaldienstleistungen denken, welche Art von Personal in Ihr Haus passt. Brauchen Sie den „Türstehertyp", der tatsächlich auch eingesetzt werden kann, wenn es in erster Linie um Abschreckung geht. Oder brauchen Sie den diskreten, unauffälligen „007-Agenten", der serviceorientiert immer dann in den Vordergrund tritt, wenn er gebraucht wird, ansonsten aber in der Menge untertaucht?

6. Lassen Sie den Dienstleister nach der Auftragsvergabe nicht allein starten. Begleiten Sie ihn in den ersten Tagen der Auftragsübernahme, denn der Dienstleister muss Sie und Ihre Arbeitsabläufe kennenlernen, ebenso wie Sie Schnittstellen, Informations- und Kommunikationswege definieren müssen.

7. Beauftragung und Vertragsabschluss: Grundsätzlich sollten Sie sich so gut wie möglich vorbereiten. Ein Dienstleister braucht Planungs- und Budgetsicherheit und wird versuchen, einen möglichst langfristigen Vertrag abzuschließen. Meine Empfehlungen dazu sind:
Vereinbaren Sie eine ausreichend lange Probezeit. Schließen Sie den Vertrag für ein Jahr ab. Sie können dem Sicherheitsdienstleister entgegenkommen und eine automatische Verlängerung nach dem ersten Jahr anbieten, wenn Sie nicht 3 Monate vor Vertragsende kündigen. Nach der Verlängerung sollte eine Kündigungsfrist von weniger als 3 Monaten zum Monatsende vereinbart werden.

Ist Ihnen der Aufwand zu groß, selbst wenn Sie nur für wenige Stunden einen Dienstleister beauftragen? Dann denken Sie an den generellen Auftrag des Sicherheitsgewerbes: Schutz Ihres Eigentums, Leib, Leben und Gesundheit Ihrer Mitarbeiter und Gäste. Denken Sie noch einen Schritt weiter: In der Presse wird selten zwischen Fremdfirmen und Ihren Mitarbeitern unterschieden, der Sicherheitsmitarbeiter wird zum Aushängeschild Ihres Hauses. Überlassen Sie bei dieser wichtigen Aufgabe nichts dem Zufall.

7.0 WIRTSCHAFTLICHKEITSBETRACHTUNG

Grundsätzlich sollte vermieden werden, Maßnahmen zum Schutz von Menschen einer Kosten-Nutzen-Rechnung zu unterziehen. Dennoch kann es für die Argumentation von Maßnahmen sinnvoll sein, mehrere Maßnahmen mit ähnlicher Wirkung zu vergleichen. Hierzu gibt es verschiedene Ansätze.

Die Bewertung von Sicherheitsmaßnahmen im Kontext der Bedrohungslage kann nicht nur vom Top-Management gefordert werden, sondern auch sehr hilfreich sein, wenn Schadensausmaß und Investition in Relation gesetzt werden. Die monetäre Bewertung von Ereignissen, die in der Zukunft liegen, sowie der Nachweis der Wirksamkeit von Präventionsmaßnahmen, bei denen nicht klar ist, ob sie überhaupt in diesem Schadensausmaß eingetreten wären, ist eine der herausforderndsten Aufgaben für Sicherheitsmanager.

Pauschale „Pi-mal-Daumen"-Ansätze („100.000 € Schaden, 50.000 € Investition - das reicht") sind für ein professionelles und nachhaltiges Sicherheitsmanagement nicht hilfreich. Als etablierte Berechnungsmethode hat sich das ROSI-Modell bewährt. ROSI steht dabei für Return on Security Investment und soll Sicherheitsverantwortliche in die Lage versetzen, „zu prüfen, ob eine Investition wirtschaftlich sinnvoll ist.[77]"

Zur Berechnung des ROSI-Wertes benötigt man folgenden Kenngrößen:

- Betrachtungszeitraum
- Höhe Einzelschadensereignis
- Anzahl der Schadenseintritte im Betrachtungszeitraum
- Kosten der Sicherheitsinvestition

Hieraus ergibt sich folgende Formel:

---

[77] Vogt (et. al) (2022), S. 304

$$ROSI = \frac{(Risikopotenzial * Prozentwert\ Risikoreduktion\ durch\ Ma\text{ß}nahme) - Investition}{Investition}$$

Risikopotenzial kann noch konkreter beschrieben werden, wenn das Einzelschadensereignis und die Anzahl der Schadensereignisse ergänzt werden:

$$Risikopotenzial = Einzelschadensereignis * Anzahl\ der\ Schadensereignisse$$

Diese Formel wird an einem Beispiel deutlich: Sie planen nach 10 Einbrüchen in das Verwaltungsbüro im vergangenen Jahr (Schaden pro Einbruch ca. 10.000 €) eine Einbruchmeldeanlage zu installieren. Diese kostet als Investition (hier bewusst keine Folgekosten implementiert) 60.000 €. Sie gehen davon aus, dass die Einbruchmeldeanlage die Einbrüche um 90% reduziert. Wie hoch ist ROSI?

$$ROSI = \frac{((10.000\text{€} * 10) * 90\%) - 60.000\ \text{€}}{60.000\ \text{€}} = 0{,}5 = 50\%$$

Spannend wird es, wenn mehrere Maßnahmen miteinander verglichen werden sollen. Ihr Geschäftsführer fragt Sie, ob ein Sicherheitsmitarbeiter, der rund um die Uhr anwesend ist, nicht zielführender wäre. Schließlich müsse auch bei der Alarmanlage berücksichtigt werden, dass ein Einsatzfahrer erst eintreffen muss. Der Sicherheitsmitarbeiter ist schließlich vor Ort (erwartete Kosten: 1.000.000 € pro Jahr, Reduktion der Einbrüche: 99%).

$$ROSI = \frac{((100.000\text{€} * 10) * 99\%) - 1.000.000\ \text{€}}{1.000.000\ \text{€}} = -0{,}91 = -91\%$$

Die Berechnung mit ROSI kann ja auch zu negativen Ergebnissen führen, die zeigen, dass sich diese Investition nicht lohnt. Zum ersten Mal habe ich als Verantwortlicher die Möglichkeit, verschiedene Investitionsprojekte monetär gegeneinander abzuwägen. Zugegebenermaßen ist die prozentuale Reduktion der Ereigniseintritte ein wenig valider Wert, den man als Sicherheitsverantwortlicher genau prüfen sollte.

ROSI ermöglicht es auch, die Kombination von Maßnahmen und Ereigniseintritten zu berechnen. Im obigen Beispiel fügen wir daher noch die Maßnahme Videotechnik (Investition 50.000 €) sowie das Schadensereignis „Graffiti an Außenwänden" mit 15 Ereignissen pro Jahr mit einem Einzelschaden von 5.000 € hinzu. Wir gehen davon aus, dass wir mit den Kameras die Delikte um 45 % reduzieren können.

$$ROSI = \frac{(((10.000€ * 0) * 90\%) + ((15 * 5.000€) * 45\%) - (60.000€ + 50.000€)}{(60.000 € + 50.000 €)}$$
$$= \frac{(90.000 € + 33.750 €) - 110.000 €}{110.000 €} = 12,5\%$$

8.0 CHECKLISTE

Abschließend möchte ich Ihnen noch einen kleinen Überblick geben, der natürlich noch stärker als die vorangegangenen Seiten auf die spezifischen Anforderungen zugeschnitten werden muss.:

1. Präventive Sicherheitsmaßnahmen

a) Räumliche Gestaltung

- Getrennte Wohnbereiche: Geschlechtergetrennte Zimmer und Sanitäreinrichtungen, insbesondere für Frauen und Kinder.
- Privatsphäre: Abschließbare Zimmer oder Bereiche, in denen Bewohner:innen ihre Privatsphäre wahren können.
- Sicherheitszonen: Beleuchtete und gut sichtbare Gemeinschaftsbereiche, Flure und Außenbereiche.
- Fluchtwege: Klare und gekennzeichnete Fluchtwege im Brandfall oder bei Gefahrensituationen.

b) Zugangskontrollen

- Registrierung: Kontrollierter Zugang durch Sicherheitsdienste oder elektronische Zugangssysteme.
- Besucherregeln: Besucher:innen registrieren und Zeiten festlegen, in denen Besucher erlaubt sind.
- Begrenzte Zutrittsbereiche: Nur autorisiertes Personal hat Zugang zu sensiblen Bereichen (z. B. Büros, Lager).

c) Sensibilisierung

- Regeln und Verhaltenskodex: Klare Regeln für das Zusammenleben, kommuniziert in mehreren Sprachen.
- Workshops: Schulungen für Bewohner:innen und Personal zu Konfliktbewältigung, Diversität und respektvollem Umgang.
- Kulturvermittlung: Verständnis für unterschiedliche kulturelle Hintergründe fördern, um Spannungen zu vermeiden.

2. Sicherheitspersonal

- Professionelle Sicherheitskräfte: Geschultes Personal, das deeskalierend agiert und kulturelle Sensibilität zeigt.
- Präsenz: Sichtbare, aber zurückhaltende Präsenz von Sicherheitskräften zur Prävention und schnellen Reaktion.
- Frauen im Team: Weibliches Sicherheitspersonal für sensible Fälle und als Ansprechpartnerinnen für Frauen.

3. Melde- und Schutzsysteme

a) Meldestellen

- Anonyme Beschwerdesysteme: Meldeboxen oder digitale Plattformen, um Vorfälle zu melden.
- Vertrauenspersonen: Benennung von Ansprechpartner:innen, die vertraulich Beschwerden aufnehmen.
- Hotlines: Einrichtung von Notfallnummern für akute Hilfe (intern und extern).

b) Schutzräume

- Sichere Rückzugsorte: Räume, in denen gefährdete Personen vorübergehend Schutz finden.
- Frauen- und Kinderschutzräume: Spezifische Bereiche, die ausschließlich für Frauen und Kinder zugänglich sind.

4. Notfallpläne

a) Umgang mit akuten Vorfällen

- Handlungsrichtlinien: Klare Abläufe für Gewalt-, Gesundheits- oder Konfliktsituationen.
- Einsatz von Behörden: Zusammenarbeit mit Polizei, Feuerwehr und medizinischen Diensten.
- Evakuierungsplan: Notfallkonzept für schnelle Evakuierung bei Gefahrenlagen (z. B. Brand, Gewaltvorfälle).

b) Traumabewältigung

- Psychologische Erste Hilfe: Verfügbarkeit von Therapeut:innen oder Traumaexpert:innen.
- Unterstützungsangebote: Zusammenarbeit mit Beratungsstellen und NGOs.

5. Monitoring und Evaluation

- Kontinuierliche Überwachung: Regelmäßige Überprüfung der Sicherheitsmaßnahmen und der Einhaltung von Regeln.
- Bewohnerbefragungen: Feedback von Bewohner:innen zu Sicherheits- und Wohlfühlaspekten einholen.
- Statistiken: Dokumentation von Vorfällen zur Identifikation von Schwachstellen.

6. Interne und externe Kooperation

- Koordination mit Behörden: Enge Zusammenarbeit mit Polizei, Sozialämtern und Integrationsbeauftragten.
- Netzwerke: Zusammenarbeit mit Frauenhäusern, Opferschutzorganisationen und medizinischen Einrichtungen.
- Externe Evaluierung: Sicherheitskonzepte durch unabhängige Expert:innen prüfen lassen.

7. Förderung eines positiven Zusammenlebens

- Konfliktprävention: Mediation durch geschulte Konfliktmanager:innen.
- Gemeinschaftsprojekte: Aktivitäten, die das Miteinander fördern (z. B. Sprachkurse, Sport, gemeinsames Kochen).
- Integration: Unterstützung bei der Integration in die Gesellschaft durch Bildung und Arbeit.

8. Rechtsrahmen und Haftung

- Einhaltung gesetzlicher Vorschriften: Das Sicherheitskonzept muss den rechtlichen Anforderungen genügen.
- Datenschutz: Schutz sensibler Daten der Bewohner:innen, insbesondere bei Meldesystemen und Videoüberwachung.

- Klare Verantwortlichkeiten: Zuweisung von Zuständigkeiten für Sicherheits-personal, Sozialarbeiter:innen und Leitung.

9.0 STICHWORTVERZEICHNIS

LITERATURVERZEICHNIS

Adema, J. / Alipour, J. (2025): *Steigert Migration die Kriminalität? Ein datenbasierter Blick.* München: ifo Schnelldienst digital.

Everling, Oliver (Hrsg.) (2020): *Social Credit Rating. Reputation und Vertrauen beurteilen.* Wiesbaden: Springer Gabler

Horn, F. (2022): *Social Media Beobachtung zur Lagebeurteilung in der Sicherheitswirtschaft: Mehrwerte schaffen für Mitarbeitende, Kunden und den Arbeitsschutz.* Norderstedt: BoD.

Königs, H. (2017*): IT-Risikomanagement mit System. Praxisorientiertes Management von Informationssicherheits-, IT- und Cyber-Risiken – 5. Auflage.* Wiesbaden: Edition <kes>.

Lange, H.-J. / Wendekamm, M. / Endreß, C. (Hrsg.) (2014): *Dimensionen der Sicherheitskultur.* Wiesbaden: Springer VS.

Ohder, Claudius (Hrsg.) (13. Ergänzungslieferung – Stand: 2012): *Praxishandbuch Unternehmenssicherheit.* Boorberg Verlag, Stuttgart, Deutschland.

Schipper-Kruse, D. / Schroeder, C. (2022): *Fallstudie zu den Auswirkungen polizeilicher Sicherheitsmaßnahmen auf das Sicherheitsempfinden von Besucherinnen und Besuchern eines Berliner Weihnachtsmarktes.* Berlin: Forschungsinstitut für öffentliche und private Sicherheit

Vogt, C. / Hennies, P. / Endreß, C. / Peters, P. (Hrsg.) (2022): *Wirtschaftsschutz in der Praxis. Herausforderungen an die Sicherheit im Zeitalter von Digitalisierung und Krise.* Wiesbaden: Springer Nature.